Bescl

Orthographe

Claude Kannas

Conception graphique : Massimo Miola
Mise en page : Dany Mourain
Édition : Luce Camus et Gwendoline Rousseau

© HATIER – Paris 2018 – ISBN 978-2-401-04463-0

Sous réserve des exceptions légales, toute représentation ou reproduction intégrale ou partielle, faite, par quelque procédé que ce soit, sans le consentement de l'auteur ou de ses ayants droit, est illicite et constitue une contrefaçon sanctionnée par le Code de la Propriété Intellectuelle. Le CFC est le seul habilité à délivrer des autorisations de reproduction par reprographie, sous réserve en cas d'utilisation aux fins de vente, de location, de publicité ou de promotion de l'accord de l'auteur ou des ayants droit.

Avant-propos

« L'orthographe française est bien trop compliquée ! », « De toute façon, c'est le fond qui compte ! », déclare-t-on communément. Pourtant, à part quelques « exceptions » dont nous sommes, il faut bien l'avouer, très ou trop friands, l'orthographe du français n'est pas si difficile. Fondée sur le bon sens, c'est elle qui, le plus souvent, permet de faire comprendre le fond.

La structure du Bescherelle Poche Orthographe

Ce nouveau **Bescherelle Poche Orthographe** s'articule autour de deux grandes parties : *les fiches d'orthographe* et *le répertoire des difficultés du français courant*.
Comprendre, *mémoriser* et *consulter*, tels sont les trois mots-clés qui ont guidé l'élaboration de cet ouvrage.

Les fiches d'orthographe : pour comprendre et mémoriser

On trouvera dans cette partie tous les outils pour acquérir une orthographe correcte, avec des explications accessibles à tous et de nombreux exemples :
– les notions grammaticales de base indispensables : quels sont les types de mots ? qu'est-ce qui s'accorde et avec quoi ?...
– toutes les règles développées avec des mots simples et toujours illustrées d'exemples variés ;
– de nombreux tableaux de synthèse.

Le répertoire des difficultés du français courant : à consulter

Cette seconde partie est conçue pour apporter une réponse immédiate à toute question que l'on peut se poser sur l'orthographe de plus de 2 000 mots, pour eux-mêmes (*gène* ou *gêne* ?) ou en situation (*des yeux bleu**s**, des yeux bleu clair* ; *elle s'est permi**s** de...*). De nombreux exemples illustrent ces situations d'emploi.
Un système de renvois à la première partie permet de passer du cas particulier à la règle générale.

Une vision moderne du français

Le français est une langue vivante, c'est-à-dire une langue que l'on parle, qui s'enrichit de mots nouveaux, qui subit des influences et qui est toujours le témoin de son temps.

La féminisation des noms de métiers, des titres et fonctions

Ainsi, parce que les femmes exercent aujourd'hui des fonctions ou des métiers jusqu'il y a peu réservés aux hommes, de nombreux mots s'enrichissent ou peuvent s'enrichir (l'usage tranchera) de formes féminines : *la procureure*, *la préfète* (qui n'est plus seulement la femme du préfet !). Nous avons retenu ou proposé ces formes chaque fois que leur usage dans les journaux et les dictionnaires était attesté.

Les rectifications de l'orthographe

Diminuer le nombre d'exceptions, régulariser des familles de mots, mettre de l'ordre dans le pluriel des mots composés, permettre aux mots nouveaux, aux mots d'origine étrangère de s'intégrer dans notre langue sans créer encore d'autres « exceptions », tels étaient certains des objectifs du comité d'experts à l'origine des propositions de rectifications orthographiques parues au *Journal officiel* en 1990. Nous avons retenu ou proposé ces modifications, en deuxième orthographe, chaque fois que leur usage dans les journaux et les ouvrages de référence était attesté.

Ce nouveau **Bescherelle Poche Orthographe** se veut un outil efficace et accessible à tous ceux qui désirent comprendre et maîtriser le fonctionnement de notre langue.

Sommaire

LES FICHES D'ORTHOGRAPHE

L'orthographe grammaticale

La nature des mots
- **1** Les mots lexicaux : nom, verbe, adjectif... 15
- **2** Les mots grammaticaux ou mots-outils............................. 16
- **3** Un mot peut changer de nature 17

Le genre des mots : le masculin et le féminin
- **4-6** Le genre des noms de choses, d'animaux, de personnes 18
- **7** Les noms à double genre 20
- **8** Les noms sur lesquels on hésite 21
- **9-10** Le féminin des noms et des adjectifs............................. 22
- **11-12** Le féminin des noms de métiers............................. 24

Le nombre : singulier et pluriel
- **13** Zéro, un ou plusieurs : le singulier et le pluriel 25
- **14** Comptable ou non comptable ? 25
- **15-17** Nom au singulier ou au pluriel après *à*, *de*, *en*, *par*, *sans* ? 27
- **18-19** Singulier ou pluriel dans les expressions avec *sans* et *tout* ? 28
- **20-21** Le pluriel des mots simples et des mots composés............................. 29
- **22-23** Le pluriel des noms propres............................. 32
- **24** Le pluriel des mots étrangers 33
- **25** Le pluriel des mots latins 33

L'accord : principes généraux
- **26** Les mots qui s'accordent............................. 34
- **27** Les mots qui commandent l'accord : règles générales 35

L'accord des adjectifs qualificatifs
- **28** L'adjectif se rapporte à un seul nom (ou pronom)............................. 37
- **29** Il y a plusieurs noms............................. 37
- **30** L'adjectif se rapporte à un nom qui a un complément 38
- **31** Plusieurs adjectifs se rapportent à un nom au pluriel............................. 39
- **32** Adjectifs variables ou invariables ? 40

- **33** L'accord de l'adjectif avec *avoir l'air* 41
- **34** L'accord des adjectifs composés 41

🟢 L'accord des adjectifs de couleur
- **35** L'adjectif qualificatif de couleur 42
- **36** Le nom employé comme adjectif de couleur 42
- **37** L'adjectif de couleur suivi d'un mot qui précise sa nuance 43
- **38** Il y a plusieurs adjectifs de couleur 43

🟢 L'accord du nom, des déterminants et des pronoms
- **39** L'accord du nom : règles générales 44
- **40** Le complément du nom sans article : *des fruits à noyau* 44
- **41** Le nom épithète ou apposé : *des dates limites, des tartes maison* 45
- **42-47** L'accord des déterminants et des pronoms : *aucun*, *leur*, *même*, *tel*, *tout*, *quelque* 46

🟢 L'accord des déterminants numéraux
- **48-49** Les déterminants numéraux cardinaux et ordinaux 50

🟢 L'accord du verbe
- **50-54** L'accord du verbe avec le sujet 51

🟢 L'accord du participe passé
- **55** L'emploi du participe passé 54
- **56** Participe passé variable ou invariable ? 55
- **57-58** L'accord du participe passé employé seul ou avec l'auxiliaire *être* 57
- **59-62** L'accord du participe passé employé avec l'auxiliaire *avoir* 58
- **63-66** L'accord du participe passé des verbes pronominaux 61
- **67-70** L'accord du participe passé suivi d'un infinitif 63

🟢 Les mots qui entraînent des difficultés d'accord
- **71** Accord avec un collectif : *une foule de*, *une bande de* 65
- **72** Accord avec un quantitatif : *la plupart de*, *20 % de* 65
- **73** Accord avec *plus d'un*, *moins de deux*, « *1,25* » 67
- **74** Accord avec *(l')un des…*, *un de ceux*, *une de celles* 67
- **75** Accord avec les pronoms personnels *l'*, *on*, *nous*, *vous* 68
- **76** Accord avec les pronoms relatifs *qui* et *que* 69
- **77** Accord avec les pronoms indéfinis *chacun*, *tout le monde* 70
- **78** Accord avec *ou*, *ni … ni*, *soit … soit* 71
- **79** Accord avec *comme*, *ainsi que*, *de même que* 72

80	Les noms de jours.	73
81	L'infinitif employé comme nom	73
82	Les mots employés comme adjectifs	73
83	Les adjectifs dans les expressions	74
84	Mot invariable ou nom variable ?	74
85-86	Participe présent invariable ou adjectif verbal variable ?	75

Le verbe et sa conjugaison

Conjugaisons et groupes de verbes

87	Radical et terminaisons	80
88	Verbe régulier ou irrégulier ?	80
89	Groupes de verbes.	81
90	Temps simples et temps composés	81

Les terminaisons pièges

91	*-er* ou *-é* ? infinitif ou participe passé ?	82
92	*-rai* ou *-rais* ? futur ou conditionnel présent ?	82
93	*-ai* ou *-ais* ? passé simple ou imparfait ?	83
94	*-e* ou *-es* à l'impératif ?	83
95	*-e* ou *-t* au subjonctif ?	83

Les verbes types

96-97	*Avoir* et *être*.	84
98-106	Les verbes réguliers en *-er*.	86
107-108	Les verbes *envoyer* et *aller*.	93
109-110	Les verbes réguliers en *-ir*.	95
111-119	Les verbes irréguliers en *-ir*	96
120-131	Les verbes en *-oir*.	102
132-154	Les verbes en *-re*.	110

L'orthographe d'usage

Les sons et les lettres

155	Les sons voyelles	127
156	Les consonnes.	128
157	Les semi-consonnes ou semi-voyelles	129
158	Une lettre, plusieurs sons	130
159	Le *e* muet	131
160	Le *m* et le *p* au milieu d'un mot.	132
161	Les consonnes à la fin d'un mot	132

Les groupes de lettres pièges
- **162** *-endre* ou *-andre* ? 133
- **163** *-euil* ou *-ueil* ? 133
- **164** *-iller* ou *-illier* ? 133
- **165** *-oin* ou *-ouin* ? 133

Les fins de mots difficiles
- **166** Noms en *-oir* ou en *-oire* ? 134
- **167** Noms féminins en *-té* ou en *-tée* ? 134
- **168** Noms masculins en *-ée* 134
- **169** Noms féminins en *-u* 135
- **170** Adjectifs en *-il* ou en *-ile* ? 135
- **171** Mots en *-ein* et en *-aim* 135
- **172** Mots en *-aon* 135

Consonne simple ou consonne double ?
- **173** Avec *n* ou *nn* ? 136
- **174** Avec *l* ou *ll* ? 136
- **175** Au début des mots 137
- **176** Avec *t* ou *tt* ? 137

Erreurs de prononciation, erreurs d'orthographe
- **177** Les confusions courantes à éviter 138
- **178** Les liaisons dangereuses 139

Les accents, la cédille, le tréma et le trait d'union
- **179-181** L'accent aigu et l'accent grave 140
- **182-183** L'accent circonflexe 142
- **184** Avec ou sans accent : les erreurs les plus fréquentes 143
- **185-186** La cédille et le tréma 145
- **187** Le trait d'union 146

L'apostrophe et le phénomène de l'élision
- **188-189** Les mots qui s'élident 147

La majuscule
- **190-191** Avec ou sans majuscule ? 148
- **192** Les points cardinaux 149
- **193** Les noms d'habitants, de peuples, de religions 149

La ponctuation
- **194-196** Les principaux signes 150

Familles de mots et orthographe
- **197-198** Les familles unies et les familles désaccordées..................152
- **199** Participes présents et dérivés de verbes..........................153

Les préfixes pièges
- **200** Le préfixe *a-*..155
- **201** Le préfixe *dé-* : *dé-*, *dés-* ou *des-* ?..................................155
- **202** Les préfixes *dis-* et *dys-*...155
- **203** Les préfixes négatifs *il-*, *im-*, *in-*, *ir-*................................156
- **204** Le préfixe *re-* : *re-*, *ré-*, *r-* ou *res-* ?............................156

Les adverbes en *-ment*
- **205** L'adverbe en *-amment* ou en *-emment*..................................157
- **206** Les autres adverbes en *-ment*..157

Les racines grecques et latines
- **207** Les racines les plus courantes...159

Les abréviations
- **208** L'abréviation uniquement écrite d'un mot.................................161
- **209** Les symboles et unités de mesure..161
- **210** L'abréviation orale et écrite d'un mot jugé trop long.............162
- **211** L'abréviation d'un groupe de mots..162
- **212** Principales abréviations...163

Les homonymes et les paronymes
- **213** Les homonymes grammaticaux : *ce* ou *se* ?........................164
- **214** Les autres homonymes : *amande* ou *amende* ?..................166
- **215** En un mot... ou en deux ? *quoi que* ou *quoique* ?..............167
- **216** Les paronymes..169

Les principales rectifications de l'orthographe
- **217-218** Le trait d'union, le tréma et les accents................................170
- **219** Les mots empruntés aux langues étrangères..........................171
- **220** Les anomalies..171
- **221** Le participe passé *laissé* suivi d'un infinitif..........................171

LE RÉPERTOIRE DES DIFFICULTÉS DU FRANÇAIS COURANT

De À à Z... tous les mots présentant une difficulté,
avec des renvois aux paragraphes des fiches concernées........................173

Abréviations et symboles utilisés dans l'ouvrage

adj.	adjectif
adv.	adverbe ou adverbiale
conjug.	conjugaison
f. ou **fém.**	féminin
interj.	interjection
inv.	invariable
loc.	locution
m. ou **masc.**	masculin
n.	nom
pers.	personne
plur.	pluriel
prép.	préposition
pron.	pronom ou pronominal
sing.	singulier
suiv.	suivants
v.	verbe

Renvois

▶ **00** renvoi à un paragraphe, une entrée ou une page. Les nombres renvoient aux numéros de paragraphes des fiches.

Autres signes

~~mot barré~~ : la forme est incorrecte.

| indique que la liaison est interdite : *les | haricots*.

/ indique une alternance : avec **e/è** : *semons, sème*.

Les fiches d'orthographe

L'orthographe grammaticale

La nature des mots

- Donner la nature d'un mot, c'est dire s'il s'agit d'un nom, d'un pronom, d'un adjectif, etc.
  C'est dire à quelle catégorie ou classe grammaticale il appartient.
- Du point de vue du sens, on distingue deux grands ensembles de mots : les mots lexicaux et les mots grammaticaux ou mots-outils.

1 Les mots lexicaux : nom, verbe, adjectif…

Les mots lexicaux désignent des êtres, des objets, des actions, des états, des qualités, etc., pour lesquels **on peut formuler une définition**.

Catégorie	Rôle	Exemples
Nom	Mot qui nomme, désigne un être ou une chose et qui a un genre grammatical (masculin ou féminin)	table, cheval, homme, ciel, politique, religion
Adjectif	Mot qui qualifie le nom et qui s'accorde avec lui en genre et en nombre	un **grand** homme, la voiture **présidentielle**, des enfants **sages**
Verbe	Mot qui indique ce que fait ou ce qu'est un être ou une chose	Une voiture **roule**. Un oiseau **vole**. Le ciel **est** bleu.
Adverbe	Mot qui précise le sens d'un autre mot ou de la phrase	Il marche **vite**. Répondre **gentiment**.

2 Les mots grammaticaux ou mots-outils

Les mots grammaticaux ou mots-outils permettent d'établir des relations entre les mots ou entre les phrases.
Ces relations ont différentes valeurs.

Catégorie	Rôle	Exemples
Déterminant	Mot qui introduit le nom avec différentes valeurs	un livre, mon livre, ce livre…
Pronom	Mot qui se substitue à une personne ou qui remplace un nom ou un élément quelconque de la phrase	je, tu, on, il, elle… ça, le, qui, que, le mien…
Préposition	Mot invariable qui introduit un complément avec ou sans valeur circonstancielle (lieu, temps, moyen, etc.)	parler à quelqu'un, jouer avec des dés… jouer dans le jardin, avant le déjeuner…
Conjonction	Mot invariable qui relie deux mots ou deux propositions avec ou sans rapport de dépendance	et, ou, mais, quand, que, parce que…
Interjection	Mot invariable qui exprime un sentiment, une émotion	Ah ! Oh ! Aïe !…
Adverbe	Certains adverbes (de négation, d'interrogation, d'exclamation) sont des mots-outils	ne, ni, pas, quand…

Attention ! un mot peut changer de nature

Le plus souvent, un mot n'appartient qu'à une seule catégorie grammaticale : c'est un nom ou un adjectif ou un verbe, etc.
Il arrive toutefois qu'un même mot change de nature grammaticale. Dans ce cas, un mot invariable peut devenir variable et inversement.

- Un **adjectif** peut devenir un adverbe ou un nom.
  Ces fruits sont **chers**. [= adjectif, variable]
  Ces fruits coûtent **cher**. [= adverbe, invariable]
  des meubles **hauts** [= adjectif, variable]
  des personnages **haut** placés [= adverbe, invariable]
  avoir des **hauts** et des bas [= nom, variable]

- Un **nom** peut devenir un adjectif.
  aimer la couleur des **turquoises**. [= nom]
  Elle a un pull **turquoise**. [= adjectif de couleur invariable] ▶ 36
  des **limites** à ne pas franchir [= nom]
  des cas **limites** [= adjectif, variable]

- Un verbe à l'**infinitif** peut devenir un nom.
  On regarde le soleil **se coucher**. [= verbe]
  de beaux **couchers** de soleil [= nom, variable]

- Un verbe au **participe** peut devenir un adjectif ou un nom.
  Trois personnes ont été **blessées**. [= participe passé]
  Les trois personnes **blessées** sont là. [= adjectif]
  Les trois **blessés** sont là. [= nom]
  les enfants **vivant** ici [= participe présent, invariable]
  des enfants très **vivants** [= adjectif, variable]
  les **vivants** et les morts [= nom, variable]

- Une **préposition** peut devenir un adverbe, un adjectif ou un nom.
  On ira au cinéma **avant** le dîner. [= préposition]
  Réfléchissez **avant**. [= adverbe]
  les roues **avant** d'un véhicule [= adjectif invariable]
  les **avants** au rugby [= nom]

Le genre des mots : le masculin et le féminin

- Donner le genre d'un mot, c'est dire s'il est masculin ou féminin.
- Seul le nom a par nature un genre que donne le dictionnaire.
- Adjectifs, déterminants, pronoms et participes prennent le genre du nom avec lequel ils s'accordent.

 Le genre des noms de choses

- Le genre des noms qui désignent des choses, des actions, des idées est **fixe** et **arbitraire** : le nom est soit masculin, soit féminin et seul le dictionnaire peut lever les difficultés éventuelles.
  - Au masculin : un arbre, le soleil, un acte
  - Au féminin : une plante, la lune, une action
- Pour la liste des principaux mots sur le genre desquels on hésite ▶ 8.

 Le genre des noms d'animaux

Trois cas peuvent se présenter.

- Le **genre** du nom est **fixe** et **arbitraire**.
  - Au masculin : un moustique, un crocodile, un dauphin
  - Au féminin : une mouche, une girafe, une baleine

Et c'est par l'ajout des termes *mâle* ou *femelle* que l'on précise le sexe, si nécessaire.

un crocodile femelle, une baleine mâle

- Il y a **deux noms distincts** : un pour le mâle, un pour la femelle.
    - Au masculin : un cheval, le cerf, un coq
    - Au féminin : une jument, la biche, une poule
- Le **nom** masculin **change de forme** au féminin.
    - Au masculin : le lion, un chat, un chien
    - Au féminin : la lionne, une chatte, une chienne

6 Le genre des noms de personnes

Pour la plupart des noms de personnes, le genre du nom correspond au sexe.
Trois cas peuvent se présenter.

- Il y a **deux noms distincts**, un pour le masculin et un pour le féminin.

Masculin	Féminin
un homme	une femme
un garçon	une fille
le père	la mère

- Il y a **un seul nom** pour les deux genres, et seul le déterminant indique s'il s'agit d'un masculin ou d'un féminin.

Masculin	Féminin
un artiste	une artiste
un élève	une élève
le pédiatre	la pédiatre

- Il y a un seul nom, mais **la terminaison change au féminin**.

Masculin	Féminin
un avocat	une avocate
un inspecteur	une inspectrice

Les noms à double genre

Quelques noms sont masculins et/ou féminins.

- Certains noms s'emploient indifféremment au masculin ou au féminin : un ou une après-midi ; un ou une autoroute ; un ou une parka ; un ou une interview…

  Mais on privilégie aujourd'hui le féminin pour :
  - une autoroute, comme une route ;
  - une interview, comme une entrevue.

- Certains noms ont un emploi ou un sens différent selon le genre :
  - **amour** est masculin, sauf au pluriel dans la langue littéraire : les amours enfantines ;
  - **gens** est masculin pluriel, sauf dans de bonnes gens ;
  - **œuvre** est féminin, sauf pour désigner l'ensemble des œuvres d'un écrivain, d'un artiste : l'œuvre gravé de Rembrandt ;
  - **orgues** est masculin pluriel pour désigner plusieurs instruments et féminin pluriel quand il désigne un seul grand instrument : les grandes orgues de Notre-Dame ;
  - **personne** est féminin quand il s'agit du nom : une personne est venue ; et masculin quand il s'agit du pronom : personne n'est venu ;
  - **mémoire** est féminin pour désigner la capacité à se souvenir : avoir de la mémoire ; et masculin pour désigner un texte, une dissertation sur un sujet précis. Il est masculin pluriel pour désigner l'œuvre rassemblant les souvenirs d'une personne : des mémoires très intéressants.

- Certains noms sont simplement homonymes.
  le tour de France / la tour Eiffel
  un vase pour les fleurs / la vase de la rivière

Masculin ou féminin ?

- **Dit-on *un* ou *une* astérisque ? Le genre des noms de choses est arbitraire. Seul le recours au dictionnaire peut lever une hésitation. La terminaison des mots peut parfois aider, mais pas toujours.**
- **Nous donnons ici une liste de mots sur lesquels on fait le plus souvent erreur.**

8 Les noms sur lesquels on hésite

aérogare [fém. une ~]
amalgame [masc. un ~]
anagramme [fém. une ~]
antidote [masc. un ~]
antre [masc. un ~]
aparté [masc. un ~]
argile [fém. une ~]
armistice [masc. un ~]
aromate [masc. un ~]
arrhes [fém. plur.]
astérisque [masc. un ~]
autoradio [masc. un ~]
câpre [fém. une ~]
caténaire [fém. une ~]
cerne [masc. un ~]
coriandre [fém. la ~]
dartre [fém. une ~]
échappatoire [fém. une ~]
écritoire [fém. une ~]
éloge [masc. un ~]
emblème [masc. un ~]
encéphale [masc. un ~]

en-tête [masc. un ~]
épilogue [masc. un ~]
épitaphe [fém. une ~]
épithète [fém. une ~]
espèce [fém. une ~]
haltère [masc. un ~]
hémisphère [masc. un ~]
interface [fém. une ~]
interligne [masc. un ~]
oasis [fém. une ~]
obélisque [masc. un ~]
octave [fém. une ~]
omoplate [fém. une ~]
orbite [fém. une ~]
pétale [masc. un ~]
planisphère [masc. un ~]
poulpe [masc. un ~]
stalactite [fém. une ~]
stalagmite [fém. une ~]
tentacule [masc. un ~]
termite [masc. un ~]
tubercule [masc. un ~]

Le féminin des noms et des adjectifs

● **Pour les noms qui varient en genre et les adjectifs, le féminin se forme à partir du masculin :**
un avocat → une avocate ; un pull bleu → une jupe bleue.

9 Règles générales

Règle 1

Pour former le féminin, on ajoute un **e** à la forme du masculin.

blessé → blessée	banal → banale	anglais → anglaise
apprenti → apprentie	partisan → partisane	ras → rase
détenu → détenue	cousin → cousine	candidat → candidate
grand → grande	meilleur → meilleure	idiot → idiote

EXCEPTIONS

● Quelques mots terminés par **-s** se terminent par **-sse** au féminin :
gras → grasse ; gros → grosse ; las → lasse ; épais → épaisse ; métis → métisse ; exprès → expresse ;

● **paysan** devient paysanne, contrairement aux autres mots en **-an** qui ne doublent pas le n au féminin (partisan → partisane) ;

● **nul** double le l et devient nulle.

Règle 2

Les mots terminés par **-e** au masculin ne changent pas au féminin.
un artiste → une artiste ; un démocrate → une démocrate ;
un pantalon large → une jupe large

EXCEPTIONS

Quelques noms terminés par **-e** au masculin ont un féminin en **-esse**, en particulier :

âne → ânesse	prince → princesse	tigre → tigresse
comte → comtesse	maître → maîtresse	traître → traîtresse
hôte → hôtesse	ogre → ogresse	

10 Règles particulières

Le masculin est en	Le féminin est en	Exemples
-er, -ier	-ère, -ière	léger → légère fermier → fermière
-et	-ète ou -ette	inquiet → inquiète muet → muette
-el, -il, -eil	-elle, -ille, -eille	cruel → cruelle gentil → gentille pareil → pareille
-eur	-eure ou -euse	meilleur → meilleure danseur → danseuse
-teur	-teuse ou -trice	menteur → menteuse acteur → actrice
-eux, -oux	-euse, -ouse	sérieux → sérieuse époux → épouse
-en, -ien, -ion	-enne, -ienne, -ionne	lycéen → lycéenne chrétien → chrétienne lion → lionne
-on	-onne	breton → bretonne
-f	-ve	vif → vive
-eau	-elle	jumeau → jumelle
-c	-que ou -che	public → publique franc → franche

EXCEPTIONS
- Les mots **doux**, **faux**, **roux**, **vieux** font leurs féminins en douce, fausse, rousse, vieille.
- Le mot **ambassadeur** a pour féminin ambassadrice.
- Le mot **duc** a pour féminin duchesse.
- Le mot **grec** garde le **c** au féminin : grecque.

Le féminin des noms de métiers, titres et fonctions

- On admet et même on recommande aujourd'hui l'emploi d'un féminin pour tous les noms de métiers, de titres et de fonctions qui n'étaient jusqu'ici employés qu'au masculin (*proviseur, professeur, ministre, préfet*...).
- On dira donc, sans que cela soit considéré d'un style relâché : *la préfète, la commissaire,* etc. Toutefois, cela se fait avec le temps et l'ancien usage n'est pas fautif.

11 Règles générales

- On emploie toujours le déterminant féminin.
  la ministre, la juge, une imprésario
- Chaque fois qu'un féminin existe déjà, on l'emploie aussi pour le nom de métier, de titre ou de fonction.
  une soudeuse, une présidente-directrice générale
- Les règles de formation du féminin s'appliquent normalement.
  la députée, une artisane, une magistrate, une écrivaine, une menuisière, la préfète, une policière, une chirurgienne, une chercheuse, une agricultrice, une conservatrice

12 Cas particuliers

- Chaque fois qu'une terminaison de féminin est sentie comme difficile, on garde la forme du masculin mais on emploie les déterminants féminins.
  la maire [plutôt que la mairesse], une junior [plutôt qu'une juniore], la chef, une clerc (de notaire), une conseil
- Pour certains noms en **-eur**, on a le choix entre l'emploi « épicène » (même forme au masculin et au féminin) et l'ajout du e.
  la professeur(e), une ingénieur(e), la proviseur(e)

Le nombre : singulier et pluriel

- Donner le nombre d'un mot, c'est dire s'il est au singulier ou au pluriel :
  Le voilier blanc approche. → Les voiliers blancs approchent.
- La marque du pluriel peut ne pas s'entendre à l'oral, mais elle est présente à l'écrit.

13 Zéro, un ou plusieurs : le singulier et le pluriel

- En général, un **nom au singulier** indique qu'il s'agit :
  - d'un seul être ou objet : un ballon ;
  - d'une généralité : la paix ;
  - d'aucun être ou objet : zéro bonbon.
- En général, un **nom au pluriel** indique qu'il s'agit de plusieurs êtres ou objets : deux, trois, des ballons.

  MAIS certains noms ne s'emploient qu'au pluriel pour désigner une seule chose.
  des ciseaux [= une paire de ciseaux]
  des lunettes [= une paire de lunettes]
  des funérailles [= un enterrement]

14 Comptable ou non comptable ?

- Un nom **comptable** désigne des êtres ou des choses que l'on peut compter (un, deux, trois).
  Il peut donc être au singulier ou au pluriel :
  une caisse, deux caisses, trois caisses.
- Un nom **non comptable** désigne une chose que l'on considère dans sa globalité (nom de matière, par exemple), ou une qualité, un état, un concept (nom abstrait).

- Les noms non comptables sont presque toujours au singulier ;
l'or, le blé, la chance, l'orgueil, la chevelure [singulier]
- Ils sont quelquefois au pluriel.
les cheveux [pluriel car globalité]

● Certains noms changent de sens selon qu'ils sont **comptables** ou **non comptables**.

Non comptable	Comptable
de l'ivoire [= la matière]	des ivoires [= des objets en ivoire]

● Cette distinction est très utile pour savoir si un nom complément doit être au singulier ou au pluriel.

Comptable au pluriel	Non comptable au singulier
beaucoup de **chapeaux**	beaucoup de **chance**
une rangée de **livres**	des tables de **verre**

Elle aide également à former le pluriel des mots composés ▶ 21 :
- non comptable [invariable] ;
un chasse-**neige** → des chasse-**neige**
- comptable [variable].
un tire-**bouchon** → des tire-**bouchons**

Au singulier ou au pluriel ?

- Doit-on écrire *un ciel sans nuage* ou *sans nuages* ?
- Quand le nom est employé sans article, il est parfois difficile de choisir entre le singulier et le pluriel.

15   Nom au singulier ou au pluriel après à, *de*, *en* ?

Pour le savoir, il suffit presque toujours de rétablir l'emploi d'un déterminant.
un fruit à noyau [= avec *un* noyau]
un fruit à pépins [= avec *des* pépins]
du sucre en poudre [= avec *de la* poudre]
du sucre en morceaux [= avec *des* morceaux]

16   Nom au singulier ou au pluriel après *par* ?

Le nom complément est **au singulier** quand il y a une idée de distribution [= pour chaque] : payer tant par personne ; trois fois par jour, par semaine, par an…

Le nom complément est **au pluriel** quand il y a une idée de pluralité : classer par séries [= en plusieurs séries] ; arriver par dizaines, par centaines, par milliers.

17   Nom au singulier ou au pluriel après *sans* ?

En général, le nom garde le nombre (singulier ou pluriel) qu'il aurait dans une tournure positive. Si l'on remplace *sans* par *avec*, on peut faire apparaître l'article.
une robe sans ceinture [≠ avec *une* ceinture]
un ciel sans nuages [≠ avec *des* nuages]

18 Singulier ou pluriel dans les expressions avec *sans* ?

- On écrit **au singulier** les expressions suivantes :

sans commentaire	sans encombre
sans condition	sans faute [= à coup sûr]
sans crainte	sans précédent
sans défense	sans regret
sans doute	

- On écrit **au singulier ou au pluriel** : sans façon(s) ; une dictée sans faute(s) [≠ avec *des* fautes pour l'emploi au pluriel ou sans aucune faute pour l'emploi au singulier].

19 Singulier ou pluriel dans les expressions avec *tout* ?

- On écrit **au singulier** :
  à tout bout de champ, à toute allure, à toute épreuve, à toute heure, à tout hasard, à tout moment, à tout propos, de tout temps, en tout cas, en toute amitié, en toute saison, en tout temps, tout compte fait, tout feu tout flamme, tout coton, tout plein, tout yeux tout oreilles.

- On écrit **au pluriel** :
  à tous égards, à toutes jambes, en toutes lettres, toutes proportions gardées, tous feux éteints, tous azimuts.

- On écrit **au singulier ou au pluriel** :
  à tout coup, à tous coups ; de tout côté, de tous côtés ; de toute(s) façon(s) ; de toute(s) sorte(s) ; en tout sens, en tous sens.

Le pluriel des noms et des adjectifs (1) : règles générales

20 Le pluriel des mots simples

- En règle générale, les noms et les adjectifs prennent un **-s** au pluriel.
  une grande métropole européenne
  de grande**s** métropole**s** européenne**s**
- Mais, selon leur terminaison au singulier, certains noms ou adjectifs forment leur pluriel autrement.

Les mots en	Règles et exceptions
-s, -x, -z	ne changent pas au pluriel : un procès → des procès ; un prix → des prix ; un nez → des nez
-ou	suivent la règle générale et prennent un **-s** au pluriel : flou → flous ; un sou → des sous SAUF les noms bijou, caillou, chou, genou, hibou, joujou, pou qui prennent un **-x** : des chou**x**, des bijou**x**
-al	font leur pluriel en **-aux** : royal → roy**aux** ; un cheval → des chev**aux** SAUF – les adjectifs banal, bancal, fatal, final, glacial, natal, naval, tonal qui prennent un **-s** : des chantiers nava**ls** – les noms bal, cal, carnaval, cérémonial, chacal, étal, festival, narval, pal, récital, régal, santal, sisal – des termes de chimie comme penthotal – des noms d'origine étrangère comme corral – des mots déposés comme Tergal – des noms issus de noms propres comme cantal (le fromage), pascal (l'unité de mesure)

Les mots en	Règles et exceptions
-ail	font leur pluriel en **-ails** : un dét**ail** → des dét**ails** SAUF bail, corail, émail, soupirail, travail, vantail, vitrail, qui font leur pluriel en **-aux** : un b**ail** → des b**aux**
-eau	font leur pluriel en **-x** : le beau château → les beaux châteaux
-eu, -au	font leur pluriel en **-x** : un cheveu → des cheveux un étau → des étaux SAUF bleu, feu [= décédé], émeu [= oiseau d'Australie], pneu, lieu [= poisson], landau, sarrau qui prennent un **-s** : des cheveus bleus

- Certains mots ont deux pluriels avec des sens différents.

    œil → **yeux** [pluriel courant] ou **œils** [mots techniques comme *œils-de-bœuf*]

    ciel → **cieux** [emplois religieux ou poétiques] ou **ciels** [emplois particuliers ou techniques : *les ciels d'un peintre, des ciels de lit*]

    aïeul → **aïeuls** [grands-pères, grands-parents] ou **aïeux** [ancêtres]

21 Le pluriel des mots composés

- Un mot composé est formé de plusieurs mots unis le plus souvent par des traits d'union.

    Les marques du pluriel peuvent porter sur aucun, un ou plusieurs de ces mots.

    un tête-à-tête → des tête-à-tête
    un tire-bouchon → des tire-bouchons
    une pomme de terre → des pommes de terre
    un coffre-fort → des coffres-forts

- Le **pluriel** des mots composés **dépend de la nature** (nom, verbe, adjectif...) **et de la fonction** (complément, épithète...) des mots principaux qui les composent.

  Les règles suivantes permettent de former correctement le pluriel de la plupart des mots composés.

Nature des mots	Exemples	Pluriel
verbe + verbe	un laissez-passer → des laissez-passer	Ø + Ø
verbe + nom – nom non comptable – nom comptable – nom propre	un pare-brise → des pare-brise(s)* un tire-bouchon → des tire-bouchons des prie-Dieu	Ø + Ø Ø + s Ø + Ø
nom + nom SAUF avec une préposition : – sous-entendue – présente	des aides-comptables des locations-ventes des timbres-poste [= *pour* la poste] des assurances-vie [= *sur* la vie] des chefs-d'œuvre des arcs-en-ciel	s + s s + Ø
adjectif + nom	la basse-cour → les basses-cours	s + s
nom + adjectif	un coffre-fort → des coffres-forts	s + s
adjectif + adjectif SAUF adjectifs de couleur	des paroles aigres-douces des tissus rouge-orangé	s + s Ø + Ø
mot invariable + nom ou adjectif – préposition – adverbe – préfixe, abréviation...	 des en-têtes, des à-côtés des haut-parleurs des anti-inflammatoires, des non-dits, les relations franco-espagnoles	Ø + s
expression	des on-dit, des cessez-le-feu, des tête-à-tête, des face-à-face	Ø + Ø

Ø = invariable ; s = prend la marque du pluriel (que ce soit un –*s* ou un –*x*).

* Selon les « Rectifications orthographiques », le nom peut aussi prendre la marque du pluriel.

Le pluriel des noms et des adjectifs (2) : cas particuliers

- Pourquoi écrit-on *les Durand* (sans *s*) et *les Bourbons* (avec *s*) ?
- Doit-on dire et écrire *des scénarios* ou *des scenarii* ?

22 Le pluriel des noms propres de personnes

- Les noms propres de **personnes** sont **invariables** :
  les Martin, les Durand ;

  SAUF quand ils désignent des familles illustres, des dynasties :
  les Bourbons, les Tudors.

  On écrira donc, sans marque du pluriel :
  Au musée, j'ai vu deux Renoir. [= deux tableaux de Renoir]

- Mais quand ils désignent des **types humains**, certains noms propres deviennent des noms communs et prennent la **marque du pluriel**.
  des dons Juans, des harpagons

23 Le pluriel des noms propres de lieux

- Les noms propres de **lieux** sont invariables :
  Y a-t-il deux France ?

  SAUF quand plusieurs lieux portent le même nom :
  les deux Amériques.

- Mais certains noms propres de lieux deviennent des **noms communs** quand ils désignent une production locale (vin, fromage...). Ils prennent alors la marque du pluriel et perdent la majuscule.
  En Bourgogne, on a goûté plusieurs bourgognes.
  [= vins de Bourgogne]

24 Le pluriel des mots étrangers

- Les mots étrangers peuvent garder leur **pluriel d'origine** ou suivre les règles du français.

  Toutefois, lorsque le mot est bien intégré dans la langue, le **pluriel français** est à privilégier. On écrira donc :
  des sandwichs, des matchs, des spaghettis.

  Mais les formes des sandwiches, des matches (pluriel anglais), des spaghetti (pluriel italien) ne sont pas fautives.

- Quand on choisit le pluriel français, on fera bien attention à ce que l'orthographe du mot soit aussi francisée. Ainsi on écrira :
  un scénario (avec é), des scénarios (avec un s), à la française ;
  ou un scenario (sans accent), des scenarii, à l'italienne.

25 Le pluriel des mots latins

- La plupart des mots entrés dans notre vocabulaire courant sont aujourd'hui **francisés** : ils sont accentués selon la prononciation du français et ils prennent tous un **s** au pluriel.
  un agenda, un album, un mémento, un référendum,
  des agendas, des albums, des mémentos, des référendums

- Les mots composés et les locutions restent **invariables** et s'écrivent entre guillemets ou en italique dans les textes.
  des post-scriptum, des statu quo, des mea-culpa…
  des *a priori*, des *nota bene*, des *ex aequo*…

- Pour quelques mots latins, on accepte **les deux orthographes**.
  un duplicata → des duplicata ou des duplicatas
  un maximum → des maximums ou des maxima

  REMARQUE Comme pour les autres mots étrangers, on tend à franciser ces mots bien intégrés dans notre vocabulaire. ▶ 219

L'accord : principes généraux

- Pour qu'il y ait accord, deux mots au moins sont nécessaires : un mot qui « commande » l'accord, et un mot qui « s'accorde » avec lui.
- *Une voiture bleue passe devant nous.*
  Les mots *une* et *bleue* s'accordent en genre (féminin) et en nombre (singulier) avec le mot *voiture*.
  Le verbe *passe* s'accorde en personne (3e) et en nombre (singulier) avec le nom *voiture*.

26 Les mots qui s'accordent

Le mot qui « s'accorde » prend les marques du genre (masculin ou féminin), du nombre (singulier ou pluriel) et, dans certains cas, de la personne de cet autre mot.

Qu'est-ce qui s'accorde, et avec quoi ?

- La plupart des **déterminants** s'accordent en genre et en nombre avec le nom qu'ils introduisent.
  un chapeau, des chapeaux, ces chapeaux, mes chapeaux
  une cape, ma cape, cette cape, vos capes

- L'**adjectif qualificatif** s'accorde en genre et en nombre avec le nom (ou le pronom) auquel il se rapporte. ▶ 28-31
  C'est une **belle** fille. Elle est **belle**.

- Le **nom** s'accorde en nombre et éventuellement en genre avec le nom (ou le pronom) auquel il se rapporte, quand il est attribut ou apposé. ▶ 39-41
  Anaïs est **avocate**. Romain et Anaïs, **avocats** à la cour, sont là.
  La girafe [singulier] est un **animal** [singulier].
  Les girafes [pluriel] sont des **animaux** [pluriel].

- Le **pronom** s'accorde en genre, en nombre et parfois en personne avec le nom ou « la personne » qu'il représente.
  Ce livre est **le mien**.
  Celui-ci est à Lucie, il est à **elle**.

- **Le verbe conjugué** (ou son auxiliaire aux temps composés) s'accorde en personne et en nombre avec son sujet. ▶ 50-54
  Je cours. Ils courent.
- Le **participe passé**, dans les temps composés du verbe, peut :
  - ne pas s'accorder : Elle a couru.
  - s'accorder avec le sujet : Elle est partie.
  - s'accorder avec le complément d'objet direct : Marie, je l'ai vue.
  ▶ 55-70

27 Les mots qui commandent l'accord : règles générales

Quel que soit le mot qui s'accorde (nom, adjectif, etc.), il faut savoir **avec quoi** il s'accorde.

Un seul mot commande l'accord

- Lorsqu'il n'y a qu'un nom (ou un pronom) qui commande l'accord, il n'y a pas de difficulté : le nom a un genre et un nombre, le pronom a le genre et le nombre du nom qu'il représente. L'accord se fait avec ce nom ou ce pronom.
  Dimitri est grand. Pauline est grande.
  Il est grand. Elle est grande.
  Le fils de ma voisine est grand.
  La fille de ma voisine est grande.

Plusieurs mots commandent l'accord

Lorsque plusieurs mots commandent l'accord, on peut hésiter.
- Les noms sont **tous au masculin** : accord au masculin pluriel.
  Tom, Bruno et Jérémie sont gentils.
- Les noms sont **tous au féminin** : accord au féminin pluriel.
  Isabelle, Fanny et Naïma sont gentilles.

- Les noms sont **au masculin et au féminin** : accord au masculin pluriel.

  Isabelle, Fanny et Jérémie sont **gentils**.
- Les noms au **singulier** représentent **le même être ou la même chose** : accord au singulier.

  Un homme, un malheureux **est venu** nous voir.
- Les noms sont **synonymes** : accord avec le dernier nom.

  Donnez-moi une feuille, un papier assez **grand** pour…
- Les noms sont repris par **un mot qui les résume** : accord avec celui-ci.

  Les maisons, les voitures, les arbres, tout était **détruit** / la ville entière était **détruite**.

Un mot avec son complément commande l'accord

- L'accord se fait selon le sens.

  le ministre de la Justice **français**

  [C'est le ministre qui est français. On peut dire : *le ministre français de la Justice.*]

  le ministre de l'Éducation **nationale**

  [Il s'agit de l'Éducation nationale et non d'un *ministre national.*]

L'accord de l'adjectif qualificatif (1) : règles générales

- **Pour bien accorder l'adjectif qualificatif, il faut repérer le ou les mots auxquels il se rapporte.**
- **Plusieurs cas peuvent se présenter :**
  une boîte ancienne ▶ 28
  une boîte et un livre anciens ▶ 29
  une boîte de thé vert ou verte ? ▶ 30
  les civilisations grecque et romaine ▶ 31

28 L'adjectif se rapporte à un seul nom (ou pronom)

Quelle que soit sa fonction, l'adjectif s'accorde **en genre** (masculin ou féminin) et **en nombre** (singulier ou pluriel) avec le nom ou le pronom auquel il se rapporte.

Ces livres anciens sont très beaux.

[Les adjectifs *anciens* et *beaux* s'accordent au masculin pluriel avec le nom *livres* auquel ils se rapportent.]

29 Il y a plusieurs noms

L'adjectif se rapporte à tous les noms

- Les noms sont au **masculin** : l'adjectif se met au masculin pluriel.
  Damien, Ahmed et Jules sont gentils.
  Il a un pantalon et un blouson neufs.

- Les noms sont au **féminin** : l'adjectif se met au féminin pluriel.
  Linh, Héloïse et Jeanne sont gentilles.
  Elle a une jupe et une écharpe neuves.

- Les noms ont un **genre différent** : l'adjectif se met au masculin pluriel.
  Damien, Élise et Ahmed sont **gentils**.
  Elle a une écharpe et un blouson **neufs**.

L'adjectif ne concerne qu'un seul de ces noms

- Il s'accorde logiquement avec le nom qu'il concerne.
  Elle a une écharpe et un blouson **neuf**.
  [Seul le blouson est neuf.]

Plusieurs noms désignent le même être ou la même chose

- L'adjectif s'accorde avec le dernier nom.
  C'est un artiste, une star **exceptionnelle**.

Les noms sont repris, résumés par un nom ou un pronom

- L'adjectif s'accorde avec ce nom ou ce pronom.
  Les rues, les magasins, la ville entière était **déserte**.
  Les rues, les magasins, tout était **désert**.

  REMARQUE Certains mots entraînent des difficultés particulières : *et, ou, ni, l'un des, comme, ainsi que…* ▶ 71 et suiv.

30 L'adjectif se rapporte à un nom qui a un complément

Il s'agit d'un nom quelconque

- L'accord se fait selon le sens.
  un pot de peinture **vert**   un pot de peinture **verte**
  [C'est le pot qui est vert.]   [C'est la peinture qui est verte.]

Il s'agit d'un nom collectif (ou d'un quantitatif)

- L'accord se fait selon le sens, soit avec le collectif (ou le quantitatif), soit avec le complément. ▶ 71-72

une bande d'enfants **joyeux**
[On imagine tous les enfants joyeux.]
une **bande** d'enfants **joyeuse** et **dissipée**
[On voit le groupe.]

31 Plusieurs adjectifs se rapportent à un nom au pluriel

- L'accord se fait selon le sens.
  des personnes **sympathiques** et **compétentes**
  [Toutes sont sympathiques et compétentes : accord au pluriel.]
  les civilisations **grecque** et **romaine**
  [la civilisation grecque + la civilisation romaine : adjectifs au singulier]

L'accord de l'adjectif qualificatif (2) : cas particuliers

32 Adjectifs variables ou invariables ?

- **Bien** est invariable comme adverbe, il reste invariable comme adjectif.

  Ce sont des gens **bien**.

- **Chic** et **châtain** sont variables en nombre (singulier ou pluriel), mais invariables en genre.

  une mode **chic** → des modes **chics**   Elles sont **châtains**.

- **Cher, court, droit, fort, haut**... sont des adverbes, donc invariables, lorsqu'ils modifient un verbe ou un adjectif.

Adjectif	Adverbe
des livres **chers**	Ils coûtent **cher**.
des cheveux **courts**	couper **court** ses cheveux
Ils sont **forts**.	Ils parlent **fort**.
Les marches sont **hautes**.	Elles sont **haut** placées.

- **Possible** est invariable dans *le plus, le moins (de)... possible*. Il s'accorde dans les autres cas.
  - Avec accord : Il a fait toutes les bêtises **possibles** et imaginables.
  - Sans accord : Il a fait le plus / le moins de bêtises **possible**.

- **Nu** est invariable avant le nom (sauf dans *nue-propriété*) et variable après.
  - Avant le nom : marcher **nu**-pieds, aller **nu**-tête
  - Après le nom : marcher pieds **nus**, aller tête **nue**

- **Demi** est invariable avant le nom auquel il se joint par un trait d'union, et variable uniquement en genre après le nom.
  - Invariable : une **demi**-heure → deux **demi**-heures
  - Variable en genre : un litre et **demi** [*litre* est masc.] ; une heure et **demie** → deux heures et **demie** [*heure* est fém.]

33 L'accord de l'adjectif avec *avoir l'air*

- L'adjectif attribut, qui suit **avoir l'air**, s'accorde toujours avec le sujet s'il s'agit d'un nom de chose.
  Cette soupe a l'air bonne.

- Dans le cas d'un nom de personne, l'adjectif s'accorde le plus souvent avec le sujet mais l'accord avec le mot **air** n'est pas incorrect.
  Jessica a l'air heureuse ou l'air heureux.

- L'adjectif s'accorde toujours avec le mot **air** quand celui-ci est précisé, déterminé, complété.
  Jessica a l'air heureux des gens de son âge.
  Jessica a un air heureux qui fait plaisir à voir.

34 L'accord des adjectifs composés

- L'**adjectif qualificatif composé** de deux adjectifs prend la marque du genre et du nombre sur chacun des deux éléments.
  des propos doux-amers
  des paroles douces-amères

- L'**adjectif de couleur composé**, avec ou sans trait d'union, est invariable. ▶ 37
  des fleurs rouge foncé
  des coquelicots rouge-orangé

- Les **locutions adjectives** sont invariables.
  des produits bon marché

L'accord des adjectifs de couleur

- La palette des couleurs est infinie et, pour décrire les différents tons, on dispose d'adjectifs (*rouge*, *vert*, *clair*, *foncé*, *vif*, *moyen*...) et de noms d'objets dont la couleur est caractéristique (*citron*, *orange*, *marron*...).
- On peut aussi, comme le fait le peintre, combiner tous ces éléments.

35 L'adjectif qualificatif de couleur

- Il suit la règle générale et **s'accorde en genre et en nombre** avec le nom auquel il se rapporte. C'est par exemple le cas des adjectifs *blanc, brun, noir, jaune, vert, bleu, rouge, violet*...
  un manteau blanc → des manteaux blancs
  une robe blanche → des robes blanches

36 Le nom employé comme adjectif de couleur

- De nombreux noms de fruits, de fleurs, d'éléments naturels évoquent une couleur. Les noms employés comme adjectifs de couleur sont **invariables**. On peut chaque fois dire « de la couleur de ».
- Il en est ainsi pour des noms comme *citron*, *orange*, *marron*, *grenat*, *azur*, *acier*, *paille*, *cerise*, *crème*...
  des bracelets turquoise [= de la couleur bleue de la turquoise]
  des yeux marron [= de la couleur brune du marron]

  EXCEPTIONS Les noms *rose*, *mauve*, *fauve*, *pourpre*, *écarlate* et *incarnat* s'accordent.
  des fleurs mauves
  des reflets fauves

37 L'adjectif de couleur est suivi d'un mot qui précise sa nuance

- Il s'agit d'adjectifs comme *foncé*, *vif*, *éclatant*, *brillant* ou de noms comme ci-dessus.
  L'ensemble forme un **mot composé invariable**.
  des yeux **bleu clair**
  des tissus **vert bouteille**

- Lorsque l'adjectif composé est formé de deux adjectifs qualificatifs de couleur, on met un trait d'union :
  des yeux **bleu-vert**

38 Il y a plusieurs adjectifs de couleur

- Un même objet comporte plusieurs couleurs : les adjectifs sont alors invariables.
  un drapeau **bleu, blanc, rouge**
  des drapeaux **bleu, blanc, rouge**

- Plusieurs objets ont chacun leur propre couleur : dans ce cas, les adjectifs s'accordent.
  des ballons **bleus et rouges**

- On écrira donc : des cravates **bleu et rouge** pour désigner plusieurs cravates avec chacune du bleu et du rouge.
  Mais on écrira : des cravates **bleues et rouges** pour désigner un ensemble formé de cravates bleues et de cravates rouges.

L'accord du nom

39 Règles générales

Le nom peut s'accorder avec un autre nom (ou un pronom) selon les règles générales de l'accord, tout comme l'adjectif.

- Le nom **variable en genre** s'accorde en genre (masculin ou féminin) et en nombre (singulier ou pluriel), comme l'adjectif.
  - Masculin — Sélim est **avocat**.
  - Féminin — Marie est **avocate**.
  - Masculin pluriel — Sélim et Marie sont **avocats**.

- Le nom à **genre unique** ne s'accorde qu'en nombre.
  Elles ont été les **grands vainqueurs** de ces championnats.
  Elles sont restées très **bébés**.

40 Le complément du nom sans article : *des fruits à noyau, à pépins*

- Que le groupe soit au singulier ou au pluriel, le nom complément sans article garde la même forme au singulier et au pluriel.
  un bateau **à moteur** → des bateaux **à moteur**
  [Chaque bateau a *un* moteur.]
  un bateau **à voiles** → des bateaux **à voiles**
  [Chaque bateau a *plusieurs* voiles.]

41 — Le nom épithète ou apposé : *des dates limites, des tartes maison*

Quand le nom suit directement un autre nom, avec ou sans trait d'union, il s'accorde ou reste invariable selon le cas.

- Il **s'accorde** si les deux noms désignent le même être ou objet.
  des mamans **kangourous**
  des dates **limites**
  [La date est une limite.]

- Il est **invariable** s'il est équivalent à un complément introduit par une préposition.
  des tartes **maison**
  [= faites *à la* maison]
  les rayons **bricolage**
  [= *de* ou *pour* le bricolage]
  des produits **minceur**
  [= *pour* la minceur]
  les dimanches **matin**, **midi** et **soir**
  [= *au* matin, *à* midi, *au* soir]

- Il est **invariable** s'il s'agit d'un nom d'époque, de style, de mode.
  des meubles **Empire**
  des objets **design**

L'accord des déterminants et des pronoms : *aucun, leur, même...*

42 *Aucun*

- **Aucun** est toujours au singulier devant un nom au singulier :
  sans **aucun** bruit

  SAUF si ce nom ne s'emploie qu'au pluriel : sans **aucuns** frais.

- **D'aucuns** est toujours au pluriel au sens de « quelques-uns, certains » : **D'aucuns** pensent que…

43 *Leur* ou *leurs* ?

- Le **déterminant possessif** est variable, il s'accorde en nombre avec le mot auquel il se rapporte.
  C'est **leurs** affaires. [À la 3e pers. du singulier on dirait *ses*.]
  Ils n'ont jamais quitté **leurs** villages. [Il y a plusieurs villages.]
  Ils n'ont jamais quitté **leur** village. [Il n'y a qu'un seul village.]

- Le **pronom personnel** est invariable.
  Je **leur** parle. Parle-**leur**. [= à eux]
  [Au singulier, on dirait *lui, à lui*.]

44 *Même* ou *mêmes* ?

- **Placé avant** un nom, un pronom, un adjectif…, **même** signifie « y compris, et aussi ». C'est un adverbe, il est **invariable**.
  Ils sont tous venus, **même** les enfants. [= y compris]
  Même eux n'ont pas compris.

- **Placé après** un pronom, un nom, un adverbe, **même** est variable.
  Madame la directrice, allez-y vous-**même**.
  [= *vous* de politesse ; *même* est au singulier.]
  Jean et Lucie, allez-y vous-**mêmes**. [= pluriel]
  moi-**même**, eux-**mêmes**
  le jour **même**, ici **même**, c'est cela **même**
  Il est la bonté et la gentillesse **mêmes**.

  REMARQUE On met un trait d'union après un pronom personnel.

45 *Tel, telle*

- **Tel**, suivi d'un nom avec un article dans une comparaison, s'accorde aujourd'hui avec ce nom.
  Elle est partie **tel** l'éclair.
- **Tel**, suivi d'un nom sans article, s'accorde avec ce nom.
  Il a eu un **tel** courage, une **telle** énergie.
  Il viendra **tel** jour, à **telle** heure.
  Adressez-vous à **tel** ou **tel** député.
  agir de **telle** ou **telle** façon, de **telle** sorte que
- **Tel que** s'accorde avec le nom qui précède.
  des hommes **tels que** mon grand-père
  des activités **telles que** le tennis, la natation…
- **Comme tel, en tant que tel, tel quel** s'accordent normalement avec le nom.
  C'est ma supérieure et je la reconnais **comme telle**.
  En tant que telle, votre réclamation n'est pas recevable.
  Ils ont laissé les dossiers **tels quels**. [et non tel que]
  Ils ont laissé leurs affaires **telles quelles**. [Ne pas confondre avec *telle(s) qu'elle(s)* : *Ils ont laissé leurs affaires telles qu'elles étaient.*]

46 Tout

- **Tout (toute, tous, toutes)** est un déterminant indéfini qui s'accorde avec le nom auquel il se rapporte, quand il signifie « n'importe quel, l'ensemble des, la totalité de ».

    Tout homme est mortel. **Toute** peine mérite salaire.
    [n'importe quel homme, n'importe quelle peine]

    Il peut être placé devant un article.

    Tous les hommes sont égaux en droit.
    [= l'ensemble des hommes]
    Il a plu **toute** la journée.
    [= la journée entière]

- **Tout** est adverbe, et donc invariable, quand on peut le remplacer par **très**. Il signifie « totalement, complètement, tout à fait ».

    Il est **tout** fier. Ils sont **tout** fiers.
    Elle est **tout** heureuse. Elles sont **tout** heureuses.
    Elle est **tout** étonnée. Elles sont **tout** étonnées.
    dans les **tout** premiers jours de juillet

    MAIS devant un adjectif ou un participe féminin qui commence par une consonne ou un *h* aspiré (= sans liaison), *tout* s'accorde par « euphonie », c'est-à-dire pour une prononciation harmonieuse.

    Elle est **toute** contente. Elles sont **toutes** contentes.
    Elle est **toute** honteuse. Elles sont **toutes** honteuses.

- **Tout autre.** En vertu de ce qui précède, on écrira donc :
    C'est une **tout** autre chose.
    [= une chose totalement, très différente]

    MAIS **Toute** autre précision serait inutile.
    [= n'importe laquelle]

47 *Quelques* ou *quelque* ?

- **Quelque**, déterminant indéfini, est employé devant un nom au singulier quand il signifie « un certain ».
  Il y a déjà **quelque temps, en quelque sorte.**
  [= un certain temps, d'une certaine manière]
- **Quelques**, déterminant indéfini, est employé devant un nom au pluriel quand il signifie « plusieurs ».
  quelques centaines de personnes
  [= plusieurs]

  L'expression **et quelques** est toujours au pluriel.
  Ils étaient vingt **et quelques.**
- **Quelque**, adverbe, est employé devant un nombre.
  les **quelque** cent personnes qui étaient là
  [= environ cent]
- **Quelque** et **quel que** ne doivent pas être confondus. ▶ 215

L'accord des déterminants numéraux

48 Les déterminants numéraux cardinaux

Les déterminants numéraux cardinaux indiquent le nombre.
Ils sont invariables sauf *un*, *cent* et *vingt*.

- **Un** s'accorde en genre (masculin ou féminin).
  vingt et un chapitres ; vingt et une pages
- **Cent** prend un **s** quand il est multiplié : cent ans, **deux cents** ans
  SAUF quand il est suivi d'un autre numéral : **deux cent trois** ans
  ou quand il est employé comme ordinal :
  page **deux cent** [= la deux centième page]
- **Vingt** prend un **s** dans **quatre-vingts** : quatre-vingts ans
  SAUF quand il est suivi d'un autre numéral : **quatre-vingt-un** ans
  ou quand il est employé comme ordinal :
  page **quatre-vingt** [= la quatre-vingtième page]
- **Mille** est toujours invariable, qu'il soit déterminant numéral :
  trois **mille** soldats, ou employé comme nom : gagner des **mille** et des cents ; une vingtaine de **mille** (= milliers).

  REMARQUE Les noms *million* et *milliard* prennent la marque du pluriel : *trois milliards* et *deux cents millions de personnes*.

49 Les déterminants numéraux ordinaux

Les déterminants numéraux ordinaux indiquent le rang, l'ordre.

- Ils s'accordent en nombre avec le nom ou le pronom.
  Ils sont **cinquièmes** ex aequo.
- **Premier** et **second** s'accordent aussi en genre.
  Il est **premier**, elle est **première**.

L'accord du verbe avec le sujet

50 Règles générales

- Aux **temps simples**, le verbe s'accorde en personne (1re, 2e ou 3e personne) et en nombre (singulier ou pluriel) avec le sujet.

	Singulier	Pluriel
1re pers.	je viens	nous venons
2e pers.	tu viens	vous venez
3e pers.	il vient	ils viennent

- Aux **temps composés**, c'est l'auxiliaire (*avoir* ou *être*) qui s'accorde en personne et en nombre avec le sujet.
 Il est venu. → Ils sont venus.

51 Comment trouver le sujet ?

Le sujet répond toujours à la question *Qui est-ce qui ?* ou *Qu'est-ce qui ?*

Le sujet n'est pas toujours à la même place dans la phrase

- Le sujet est le plus souvent placé avant le verbe.
 Voilà ce que tes amis **diront**.
- Le sujet peut se trouver placé après le verbe.
 Voilà ce que **diront** tes amis.
- Le sujet peut être très éloigné du verbe.
 Tous les soirs, le petit chat de ma voisine, qui habite au 5e étage, **vient** sur le rebord de ma fenêtre.

Le sujet est un pronom

- Le verbe s'accorde avec ce pronom.
 Malika n'est pas loin, elle **arrive**.

52   Le verbe a plusieurs sujets

Il y a plusieurs sujets au singulier

- Le verbe se met au pluriel :
  Saïd, Lucille et Jacques **viennent** demain.

  SAUF si les sujets représentent le même être ou la même chose :
  Ma tante, une femme exceptionnelle, **est décédée** hier.

  REMARQUE Certains mots entraînent des difficultés particulières d'accord : *et, ou, ni, l'un des, comme, ainsi que, c'est...* ▶ 71 et suiv.

Un des sujets est un pronom personnel (1re, 2e ou 3e pers.)

- Le verbe se met à la 1re personne du pluriel si on peut dire *nous*.
  Toi et moi **irons** au cinéma.
  Steve et moi **irons** au cinéma.

- Le verbe se met à la 2e personne du pluriel si on peut dire *vous*.
  Pierre et toi **irez** au cinéma.
  Lui et toi **irez** au cinéma.

- Le verbe se met à la 3e personne du pluriel si on peut dire *ils*, *eux* ou *elles*.
  J'ai vu Chloé. Elle et Jacques **viendront** demain.

53   Le sujet est le pronom *qui*

Le pronom relatif *qui* joue un rôle de relais. Il transmet le nombre et la personne du nom (ou du pronom) qu'il représente, remplace : son antécédent.

- Le verbe s'accorde avec cet antécédent.
  Moi qui **suis** ici... [1re pers. du singulier]
  C'est toi qui **as** vu le film. [2e pers. du singulier]
  C'est toi et moi qui lui **porterons**...
  [1re pers. du pluriel, on peut dire *nous*]

52

Ton père et moi qui **sommes** amis... [1re pers. du pluriel]
Je suis celle qui **peut** t'aider. [3e pers. du singulier]
Nous ne sommes pas de ceux qui **pensent** ça. [3e pers. du pluriel]

54 Accord du verbe avec *une foule de, une série de, une dizaine de, beaucoup de, peu de*...

Le groupe sujet comporte un collectif précédé de *un* ou *une*

- Le verbe s'accorde avec le collectif ou avec son complément au pluriel.

  Une foule de gens **votera** pour lui.
  Une foule de gens **voteront** pour lui.

Le groupe sujet comporte un quantitatif

- Le verbe s'accorde avec le complément du quantitatif.

  Peu de gens **voteront** pour lui.
  Beaucoup de monde **viendra**.
  Beaucoup d'enfants **aiment** jouer.

  REMARQUE Tous ces mots peuvent entraîner des difficultés particulières.
  ▶ **71 et suiv.**

L'accord du participe passé : principes généraux

- Le participe passé est une forme de la conjugaison du verbe, qui, dans certains cas, peut devenir un adjectif.

    Ils ont chanté. [forme du verbe : passé composé]
    une œuvre chantée [forme proche de l'adjectif]
    Il a abandonné son travail. [forme du verbe : passé composé]
    une maison abandonnée [adjectif]

- Le participe passé s'accorde en général quand il s'agit d'une forme proche de l'adjectif.

55 L'emploi du participe passé

Le participe passé s'emploie :

- avec les auxiliaires *avoir* ou *être* pour former les temps composés des verbes à la voix active ;

    Elle **a couru**.
    Elle **est arrivée**.

- avec l'auxiliaire *être* pour former les temps composés des verbes pronominaux ou la conjugaison passive ;

    Elle **s'est promenée**.
    Le bandit **est recherché** par la police.

- seul comme un adjectif.

    une chanson très **connue**

Le participe passé peut être **invariable ou variable**.
Dans ce cas, il varie en genre (masculin ou féminin) et en nombre (singulier ou pluriel), par le phénomène de l'accord.

56 Participe passé variable ou invariable ?

Le participe passé est invariable

- Si le verbe est impersonnel (le sujet est le pronom neutre *il*) :
  Quelle chaleur il a **fait** hier !
  Il est **arrivé** deux grands malheurs.

- Si le verbe conjugué avec l'auxiliaire *avoir* n'a pas de complément d'objet direct (COD) :
  Elle a **couru**.
  Ils ont **grandi**.

- Si le complément d'objet direct (COD) suit le verbe dans l'ordre normal **sujet-verbe-COD** :

Actif [auxiliaire *avoir*]	Pronominal [auxiliaire *être*]
Ils ont **acheté** des pommes.	Ils se sont **acheté** des pommes.
verbe COD	verbe COD

- Si le verbe, conjugué avec *avoir* à la voix active ou avec *être* à la voix pronominale, a un complément d'objet indirect (COI), c'est-à-dire introduit par une préposition :

Actif	Pronominal
Elle a **succédé** à son père.	Ils se sont **succédé**.
verbe COI	
Ils ont **parlé** à Jacques.	Ils se sont **parlé**.
verbe COI	

Le participe passé est variable et s'accorde

- **Avec le sujet**
  - d'un verbe conjugué à l'actif ou au passif avec l'auxiliaire *être* :

Actif	Passif
Elle est **partie** très loin.	La souris sera **mangée** par le chat.
Ils sont **devenus** amis.	Les voleurs ont été **arrêtés** par la police.

- d'un verbe essentiellement pronominal sans complément d'objet (COD) :
Elle s'est **enfuie**.
Ils se sont **emparés** de la ville.

▶ **63**

- **Avec le COD** si celui-ci précède l'auxiliaire, dans l'ordre **COD-sujet-verbe** ou **sujet-COD-verbe**, le verbe pouvant être conjugué à l'actif ou à la voix pronominale.

Actif	Pronominal
Quels beaux films j'ai **vus** ! Ces fleurs, je les ai **cueillies** pour vous.	Quels beaux cadeaux elles se sont **offerts** ! Elles se sont **regardées**.

▶ **59**

L'accord du participe passé employé seul ou avec l'auxiliaire *être*

57 Règles générales

- Le participe passé des verbes conjugués avec l'auxiliaire *être* s'accorde en genre (masculin ou féminin) et en nombre (singulier ou pluriel) avec le sujet, comme un adjectif s'accorde avec le nom auquel il se rapporte.
  Pierre est **parti**.   Aline est **partie**.   Pierre et Aline sont **partis**.
  La soirée a été **réussie**.

  Attention ! le sujet peut se trouver après le verbe :
  Quel rôle est **appelée** à remplir la présidente ?

  REMARQUE Pour les verbes pronominaux, qui se conjuguent aussi avec l'auxiliaire *être*, les règles d'accord sont plus délicates. ▶ 63-66

- Employé seul, le participe passé s'accorde avec le nom ou le pronom auquel il se rapporte, comme un adjectif.
  Pierre **parti**, nous avons…
  Vue d'en haut, la vallée avait l'air minuscule.
  Terrible accident : une femme **tuée**, six hommes **blessés**.

58 Cas particuliers

- Certains participes passés, employés seuls devant le nom auquel ils se rapportent, sont invariables.
  Excepté une fillette blonde, tous étaient bruns.
  Vu les circonstances…
  Veuillez trouver **ci-joint**, **ci-annexé**, **ci-inclus** deux chèques.

  MAIS quand ils sont après le nom, ils s'accordent.
  Une fillette **exceptée**…   Les chèques **ci-joints**…

L'accord du participe passé employé avec l'auxiliaire *avoir*

59 Règles générales

- Le participe passé conjugué avec l'auxiliaire *avoir* est invariable, SAUF quand un complément d'objet direct (COD) précède le verbe. Dans ce cas, le participe s'accorde avec le COD.

Invariable : sans accord	
verbe sans COD	Elles ont **marché, couru, dansé.** [verbes intransitifs : pas de COD] Ils nous ont **parlé, plu, succédé.** [On parle, on plaît, on succède *à* quelqu'un : *nous* n'est pas un COD.]
verbe + COD	Tu as **cueilli** de belles fleurs. [*fleurs* est COD] J'ai **écrit** cette lettre hier. [*lettre* est COD] [Les COD sont après le verbe.]
Variable : accord avec le COD	
COD + verbe	Quelles belles fleurs tu as **cueillies** ! [*fleurs*, féminin pluriel, est COD] Ces fleurs, je les ai **cueillies** pour toi. Cette lettre que j'ai **écrite** hier...

- Pour vérifier qu'il y a bien accord, il suffit presque toujours de rapprocher le COD et le participe : Cette **lettre**, **écrite** hier... Ces **fleurs cueillies** pour toi...

60 Comment trouver le COD ?

- Le COD répond en général aux questions *Quoi* ou *Qu'est-ce que ?* (pour les choses), *Qui* ou *Qui est-ce que ?* (pour les personnes).
Le menuisier fabrique **quoi** ? **Qu'est-ce qu'**il fabrique ?
– Il fabrique **des meubles.** [*meubles* est COD de *fabriquer*]

Qui as-tu rencontré ? **Qui est-ce que** tu as rencontré ?
– J'ai rencontré **Karine**. [*Karine* est COD de *rencontrer*]

- Le COD est placé avant le verbe (ou l'auxiliaire) :
  - dans une question ou une exclamation ;
  Quels fruits cueilles-tu ? **Quels beaux fruits** tu as cueillis !
  - quand il est repris par un pronom personnel ;
  Ces cerises, je **les** cueille pour vous.
  Je **les** ai cueillies pour vous.
  - ou quand il est repris par le pronom relatif *que*.
  Les cerises **que** j'ai cueillies…

61 Accord avec des verbes comme *coûter, mesurer, peser, vivre*

- Comparons ces deux phrases :
  Pierre, le marchand de fruits, pèse les pommes.
  [Il pèse quoi ? *les pommes* : COD.]
  Pierre, le marchand de fruits, pèse 80 kilos.
  [Il pèse combien ? *80 kilos* : complément de mesure.]

- Il ne faut pas confondre le **complément de mesure** (longueur, poids, temps, prix), qui répond à la question *Combien ?* et le **complément d'objet direct**, qui répond à la question *Quoi ?*
  Avec un complément de mesure, le participe est invariable ; avec un complément d'objet direct, le participe s'accorde.

Combien ? (invariable)	*Quoi ?* (variable)
Il a vécu deux ans en Angleterre. Les deux ans qu'il a **vécu** en Angleterre…	Il a vécu deux drames en Angleterre. Les deux drames qu'il a **vécus** en Angleterre…
Ce livre m'a coûté 10 euros. Les 10 euros que ce livre m'a **coûté**…	Ce travail lui a coûté des efforts. Les efforts que ce travail lui a **coûtés**…

62 Cas particuliers

- Avec le pronom **en**, le participe passé employé avec l'auxiliaire *avoir* est le plus souvent invariable.

  As-tu mangé des cerises ? – Oui, j'**en** ai **mangé**. [= de cela]
  Des films comme ça, je n'**en** ai jamais **vu** !

  MAIS il peut s'accorder si c'est l'idée de pluriel qui prédomine :

  Tant de livres ! Combien **en** as-tu **achetés** ?

- Quand le pronom **l'** représente une phrase, le participe passé est invariable.

  Elle est plus forte que je **l**'avais **pensé**.

- Avec des verbes comme **dire**, **donner**, **devoir**, **croire**, **vouloir**, **permettre**..., le participe passé s'accorde logiquement avec son propre COD.

  J'ai entendu les choses que tu m'as **dites**.

  MAIS il est invariable dans des phrases comme :

  J'ai fait toutes les choses que tu m'as **dit** (de faire),
  que tu as **voulu** (que je fasse).
  [Le mot *choses* est COD du deuxième verbe *faire* (exprimé ou non).]

- Suivi d'un infinitif, le participe passé s'accorde logiquement avec son complément d'objet direct :

  Marie, je l'ai **entendue** chanter.
  [J'ai entendu qui ? *Marie* (COD).]

  MAIS pas avec celui de l'infinitif.

  Ces airs que j'ai **entendu** chanter...
  [J'ai entendu (quelqu'un) chanter quoi ? *ces airs*, COD de *chanter*.] ▶ 67-70

L'accord du participe passé des verbes pronominaux

- On appelle « verbe pronominal » un verbe qui s'emploie avec un pronom réfléchi (*me, te, se, nous, vous, se*).
- Il s'agit de verbes comme : *s'enfuir, s'emparer de, se méfier de, se souvenir de, s'abstenir, s'écrier, s'apercevoir de*…, dans lesquels le pronom réfléchi ne représente rien. Ou de verbes comme : *s'habiller, se laver, se battre, se succéder, se permettre de*…, dans lesquels le pronom réfléchi représente le ou les sujets.

63 Accord avec des verbes comme *s'enfuir, se souvenir, s'apercevoir de*…

Le pronom réfléchi ne représente rien. **Le participe s'accorde avec le sujet** :

Elles se sont **enfuies**. Elle s'est **aperçue** de son erreur.

SAUF si le verbe pronominal se construit avec un COD (qui répond à la question *Quoi ?* ou *Qui ?*) : Ils se sont **arrogé** ce droit. ▶ 66

64 Accord avec des verbes comme *s'habiller, se regarder, se promener, se battre*…

Le pronom réfléchi représente le ou les sujets et il est COD. Il répond à la question *Qui ?* ou *Quoi ?* **Le participe s'accorde avec le sujet** repris par le pronom réfléchi.

Elle s'est **regardée** dans la glace. [= elle a regardé qui ? elle-même]
Julien et Léa se sont **regardés**.
[= l'un a regardé l'autre, l'autre a regardé l'un]

REMARQUE Il s'agit de verbes qui se construisent avec un COD à l'actif : *on regarde quelqu'un* ou *quelque chose, on habille quelqu'un*, etc.

65 Sans accord avec des verbes comme *se plaire*, *se succéder*, *se permettre*, *se mentir*...

- Le pronom réfléchi représente le ou les sujets mais il n'est pas COD. Il répond le plus souvent à la question *À qui ?* ou *À quoi ?*
  Le participe est invariable.
  Elle s'est **permis** de répondre. [elle a permis *à qui ?* à elle-même]
  Ils se sont **parlé**. [= l'un à l'autre]
  les présidents qui se sont **succédé**

  REMARQUE Il s'agit de verbes qui se construisent à l'actif avec un complément d'objet indirect (avec une préposition) : *on ment, on nuit, on plaît, on succède à quelqu'un*.

66 Le verbe pronominal se construit avec un complément d'objet direct (COD)

Les règles sont les mêmes que pour le participe employé avec l'auxiliaire *avoir*. ▶ 59

- Le **COD** est placé **après le verbe**. Il répond à la question *Quoi ?* ou *Qui ?* **Le participe est invariable.**
  Elles se sont **offert** [quoi ?] des cadeaux.
        verbe   +   COD
  Ils se sont **écrit** des lettres. Elles se sont **arrogé** des droits.
  Elle s'est **lavé** les mains.

- Le **COD** est placé **avant le verbe**. **Le participe s'accorde** avec le COD ou le pronom qui le représente.
  Quels beaux cadeaux elles se sont **offerts** !
      COD   +   verbe
  les lettres qu'ils se sont **écrites**
  les droits qu'elles se sont **arrogés**
  Quelle jambe s'est-il **cassée** ?

  REMARQUE Il s'agit le plus souvent de verbes qui ont deux compléments à l'actif, l'un direct et l'autre indirect, du type *donner, offrir quelque chose à quelqu'un*.

L'accord du participe passé suivi d'un infinitif

67 Avec l'auxiliaire *être*

- L'infinitif qui suit le participe ne modifie en rien les règles d'accord avec le sujet.

  <u>Ils</u> sont **partis** chercher du pain.

68 Avec l'auxiliaire *avoir*

- **Si le COD est complément du participe passé** et sujet de l'infinitif, il y a accord.

  <u>Marie</u>, je l'ai **entendue** chanter.
   COD   verbe

  [= J'ai entendu qui ? *Marie*. C'est elle qui chantait.]

- **Si le COD est complément de l'infinitif**, il n'y a pas d'accord.

  <u>Ces airs</u>, je les ai **entendu** chanter.
   COD   verbe

  [= J'ai entendu chanter quoi ? *ces airs*.]

  REMARQUE Le participe passé est invariable si on peut ajouter *par* suivi d'un complément : *Ces airs, je les ai <u>entendu</u> chanter <u>par</u> Damia.*

69 Avec un verbe pronominal

- Avec les verbes pronominaux, les règles d'accord sont les mêmes qu'avec l'auxiliaire *avoir*.

Avec accord	Sans accord
Elle s'est **sentie** mourir.	Elle s'est **senti** piquer par un moustique.
[Elle a senti elle-même qui mourait.]	[Elle a senti qu'un moustique la piquait.]

70 — Les participes *fait* et *laissé* suivis d'un infinitif

Le participe passé *fait* suivi d'un infinitif est toujours invariable

- *Fait* suivi d'un infinitif est invariable parce que le COD est toujours complément du groupe *fait* + infinitif, jamais du seul participe *fait*.

  la maison qu'ils ont **fait construire**
  [Ils ont *fait construire* quoi ? une maison.]
  la maison qu'ils se sont **fait construire**

  la robe qu'elle a **fait faire**
  la robe qu'elle s'est **fait faire**

Le participe passé *laissé* suivi d'un infinitif

- Il est **invariable** si on considère qu'il s'agit du groupe *laisser* + infinitif.

  Il a **laissé tomber** ses études.
     verbe   COD
  Il les a **laissé tomber**.
  Elle s'est **laissé aller**.

- Il est **variable** si on considère que *laisser* et le verbe à l'infinitif sont indépendants. Dans ce cas, l'accord se fait comme expliqué au paragraphe 68.

  Il a laissé les bûcherons couper ces arbres.
  verbe   COD   verbe   COD
  Il les a **laissés** couper ces arbres.
     COD   verbe
  Elle s'est **laissé** guider [par quelqu'un].
  [= Elle a laissé quelqu'un la guider.]

- Ces distinctions sont subtiles et on recommande aujourd'hui d'écrire : *laissé* + infinitif (invariable), sur le modèle de *fait* + infinitif. ▶ 221

Les mots qui entraînent des difficultés d'accord (1)

71 Accord avec un collectif : *une foule de, une bande de...*

Un « **collectif** » est un nom qui désigne un ensemble, un groupe de personnes, d'animaux ou de choses. Le collectif est toujours suivi d'un nom au pluriel.

- Si le collectif est employé avec *un, une*, l'accord se fait :

  - avec le collectif **au singulier** ;
  Une nuée d'oiseaux s'est envolée.
  Une foule de gens votera pour lui.
  [On insiste sur l'idée de groupe.]

  - ou avec le complément **au pluriel**.
  Une nuée d'oiseaux se sont envolés.
  Une foule de gens voteront pour lui.
  [On insiste sur les éléments du groupe.]

- Si le collectif est employé avec *le, la, mon, ma, ce, cette...*, ou avec un adjectif épithète, l'accord se fait **avec le nom collectif au singulier** puisque c'est sur l'idée de groupe qu'on insiste.
  Cette foule de badauds était impressionnante.
  Une foule impressionnante de badauds était arrivée.

72 Accord avec un quantitatif : *peu de, beaucoup de, une dizaine de...*

On appelle « **quantitatif** » tout adverbe ou nom de quantité, de fraction ou de pourcentage, qui s'emploie avec un complément introduit par *de* : *peu de, la plupart de, quantité de, la moitié de...* Selon les cas, ce complément peut être au singulier ou au pluriel.

Avec un adverbe de quantité comme *peu de, beaucoup de, combien de, trop de...*

- L'accord se fait avec le complément au singulier ou au pluriel.

  Peu de gens **pensent** comme toi.
  Beaucoup de monde **est venu**.
  Beaucoup de vaisselle **fut cassée**.

- Si le nom est sous-entendu ou s'il n'est pas repris dans la phrase, l'accord se fait de la même manière.

  Beaucoup **pensent** que... [= beaucoup de personnes]
  Toute la vaisselle est tombée, il y en a eu beaucoup de **cassée**.

- Employé seul, **combien** entraîne toujours l'accord au pluriel.

  Combien **viendront** ? Combien **pensent** que... ?

Accord avec *nombre de, quantité de, la plupart de...*

- Avec des expressions de quantité, l'accord se fait toujours avec le complément au pluriel.

  La plupart des gens **sont venus**.
  Nombre de ses amis **étaient présents**.

- Si le nom est sous-entendu, l'accord se fait de la même manière.

  La plupart **sont venus**.

Accord avec *une dizaine de, une centaine de, un millier de, un million de...*

- Avec ces quantitatifs, l'accord se fait avec le complément au pluriel.

  Une dizaine de personnes **sont venues**.
  Un millier d'habitants **ont été évacués**.

  SAUF si c'est sur la quantité qu'on insiste. Dans ce cas, le quantitatif est employé avec *le, la, mon, ma, ce, cette*, etc., ou avec un adjectif épithète.

  Cette (seule) douzaine d'œufs vous **suffira**.

Accord avec une fraction ou un pourcentage

- Avec *la moitié de, un quart de, 20 % de, la majorité de...* l'accord se fait avec le complément ou avec l'expression de la fraction ou du pourcentage selon l'intention.

La moitié des <u>clients</u> de l'hôtel **sont repartis** avec leurs bagages.
La <u>moitié</u> du terrain est boueuse.
<u>20 %</u> de la population **pense** (ou **pensent**) que…
La majorité des <u>femmes</u> **sont** mères à cet âge.
Une minorité d'<u>employés</u> **est représentée** (ou **sont représentés**).

73 Accord avec *plus d'un*, *moins de deux*, « 1,25 »

Accord avec *plus d'un* et *moins de deux*

- Le verbe est au singulier avec **plus d'un** et au pluriel avec **moins de deux**.
  Plus d'un mois **s'est écoulé**.
  Moins de deux mois **se sont écoulés**.

Accord avec *1,25* (*1,50*…)

- Le pluriel commençant à « deux », le nom de l'unité reste **au singulier**.
  1,25 **kilo** ; 1,75 **million** d'euros

74 Accord avec *(l')un des…*, *un de ceux*, *une de celles*

- Avec **(l') un des…**, l'accord se fait au pluriel ou au singulier selon le sens.
  C'est un des <u>films</u> qui **m'ont** le plus plu. [= un parmi les films qui…]
  L'un des <u>élèves</u> que j'ai **interrogés**… [J'ai interrogé plusieurs élèves.]
  L'<u>un</u> des élèves, que j'ai **interrogé**… [On ne parle que de cet élève.]

- Avec **un de ceux, une de celles**, l'accord se fait toujours au pluriel.
  Une de <u>celles</u> qui **sont venues**…

75 Accord avec les pronoms personnels *l'*, *on*, *nous*, *vous*

Accord avec *l'*

- Le participe s'accorde avec le nom représenté par **l'**.
Au pluriel, on pourrait dire *les* (*je les ai vus*).
J'ai vu Jean-Baptiste, je l'ai **vu**.
J'ai vu Caroline, je l'ai **vue**.

- Le participe est invariable quand **l'** représente une phrase.
On ne peut pas dire *les*.
Je te l'ai déjà **dit**.
Elle est plus forte que je l'avais **cru**.

Accord avec *on*

- Avec le pronom sujet **on**, le verbe est toujours au singulier.
On **est**, on **va**, on **vient**, on **part**…

- Quand **on** signifie « quelqu'un, n'importe qui, tout le monde », etc., l'accord de l'adjectif ou du participe se fait au masculin singulier et le pronom réfléchi est *soi*.
On n'est jamais si bien **servi** que par **soi**-même.

- Quand **on** est employé à la place de *nous*, le verbe (ou l'auxiliaire) reste au singulier, mais l'adjectif et le participe sont au pluriel (masculin ou féminin). Le pronom réfléchi est *nous*.
On est **rentrés** ou **rentrées** chez **nous**.

- Quand **on** est employé à la place de *tu* ou de *vous*, le verbe reste au singulier, mais l'adjectif et le participe s'accordent en genre et en nombre selon le sens.
Alors, Sylvie, on est **contente** ?
Alors, les filles, on est **contentes** ?

Accord avec *nous*, *vous*

- Si le pronom est complément d'objet direct (COD), le participe **s'accorde** en genre et en nombre avec les personnes que le pronom représente.
Il nous a **vus**. Il vous a **vues** [vous, les filles].

- Si le pronom est complément d'objet indirect (COI), le participe est **invariable**.
  Il nous (vous) a **parlé**. [On parle *à quelqu'un.*]
- Quand *nous* (ou *vous*) représente **une seule personne** (*nous* de majesté ou de modestie, *vous* de politesse), le verbe reste au pluriel, mais l'adjectif et le participe s'accordent en genre selon le sexe de la personne représentée.
  Nous [la reine] sommes **ravie** de…
  Nous [l'auteur du texte] sommes **persuadé** que…
  Vous [Marie] êtes **ravie** de…
- Avec **beaucoup d'entre nous (vous), la plupart d'entre nous (vous), certains d'entre nous (vous)**… le verbe se met aujourd'hui à la 3ᵉ personne du pluriel.
  Beaucoup d'entre nous **pensent** que…

76 Accord avec les pronoms relatifs *qui* et *que*

Les pronoms relatifs **qui** et **que** sont des relais qui transmettent le genre et le nombre du mot qu'ils représentent : leur « antécédent ». L'accord se fait toujours avec cet antécédent.

Accord avec *qui* sujet

La femme qui est **venue**…
Les hommes qui sont **venus**…
Moi qui **suis**, toi qui **es**, lui qui **est**, nous qui **sommes**…
C'est Jacques et moi qui **irons**. [= nous]
C'est Jacques et toi qui **irez**. [= vous]
Ceux d'entre nous qui **pensent** que… [accord avec *ceux*]

Accord avec *que* (COD ou attribut)

La personne que j'ai **rencontrée**… [*que* est COD]
La femme que je suis **devenue**… [*que* est attribut]

REMARQUE Quand le pronom relatif est complément de mesure, il n'y a pas d'accord : *Les cent kilos qu'il a pesé autrefois sont oubliés.* ▶ 61

77 Accord avec les pronoms indéfinis *chacun, tout le monde, personne, quelqu'un*...

Accord avec *chacun, chacune*

- L'accord se fait au singulier et le pronom réfléchi est *soi*.
  Chacun fut content.
  Chacun pense ce qu'il veut.
  Que chacun rentre chez soi. [et non ~~chez lui~~]

- En rapport avec un nom, **chacun** s'accorde en genre.
  Il a parlé à chacune de ses filles, à chacun de ses fils.

  Si ce nom est au pluriel, le possessif ou le pronom réfléchi est au singulier ou au pluriel.

  Ces professeurs, chacun dans sa spécialité
  ou chacun dans leur spécialité
  Ils sont rentrés chacun chez soi ou chez eux.

- Avec **chacun d'entre nous, vous, eux**, le verbe se conjugue à la 3ᵉ personne du singulier.
  Chacun d'entre nous pense que...

Accord avec *autre chose, pas grand-chose, quelque chose*

- L'accord se fait au masculin singulier.
  Il n'y a pas grand-chose de bon.
  Quelque chose est arrivé.

  REMARQUE On dit *autre chose, pas grand-chose, quelque chose à quoi, sur quoi*... et non ~~auquel, sur lequel~~...

Accord avec *tout le monde, personne, quelqu'un*

- L'accord se fait au masculin singulier.
  Tout le monde est là. Tout le monde est content.
  [et non *tout le monde ~~sont~~ là*]
  Personne n'est parfait.
  Quelqu'un est blessé ?
  Il n'y a personne de blessé.

78 Accord avec un sujet comprenant *ou*, *ni ... ni*, *soit ... soit*

Le sujet comprend parfois deux termes reliés par **ou**, **ni ... ni**, **soit ... soit**. Dans ce cas, le verbe est au singulier ou au pluriel, selon le cas.

Le sujet contient *ou*

- Si l'un ou l'autre sont possibles, l'accord se fait au pluriel.
  Un homme ou une femme **conviennent** pour ce poste.
  Nous cherchons un ouvrier ou une ouvrière **qualifiés**.
- Si c'est soit l'un soit l'autre, le verbe reste au singulier.
  Pierre ou Jacques **est** le père de cet enfant.
- Si **ou** introduit un synonyme, une explication entre virgules, l'accord se fait logiquement avec le premier terme.
  Le cobra, ou serpent à sonnettes, **est**...

Le sujet contient *ni ... ni*

- L'accord se fait au masculin pluriel si les deux termes sont de genre différent.
  Ni son père ni sa mère ne **sont venus**.
- L'accord se fait au singulier ou au pluriel si les deux termes sont du même genre.
  Ni sa tante ni sa mère n'**est venue** ou ne **sont venues**.
- Le verbe est au singulier, comme avec *ou*, quand les deux termes s'excluent.
  Ni Pierre ni Jacques n'**est** le père de cet enfant.

Le sujet contient *soit ... soit*

- Avec les deux termes au singulier, le verbe est au singulier.
  Soit mon père soit ma mère **viendra**.
- Avec un des termes au pluriel, le verbe est au pluriel.
  Soit mes parents, soit ma tante **viendront**.

79 Accord avec un sujet comprenant *comme*, *ainsi que*, *de même que*...

- **S'il y a comparaison**, si l'accent est mis sur le premier terme, l'accord se fait avec ce premier terme.
  Il y a alors une pause à l'oral et des virgules à l'écrit.
  Mon père, comme le vôtre, **est** un honnête homme.
  Mme Durand, ainsi que toute son équipe, vous **remercie**.
  Le ministre, aussi bien que le président, **a accepté** l'invitation.
  Élisa, de même que Martin, **a décliné** l'invitation.

- **S'il y a une valeur d'addition**, *comme*, *ainsi que*, *aussi bien que*, *de même que*, peuvent être remplacés par *et* et l'accord se fait au pluriel.
  Il n'y a alors pas de pause à l'oral et pas de virgules à l'écrit.
  Molière comme Corneille **sont** de grands écrivains.
  Mme Durand ainsi que toute son équipe vous **remercient**.
  Le ministre aussi bien que le président **accepteront** l'invitation.
  Élisa de même que Martin **ont décliné** l'invitation.

Les mots qui entraînent des difficultés d'accord (2)

80 Les noms de jours

- Les noms de jours prennent la marque du pluriel : tous les jeudis.
  MAIS on écrit : les jeudi et vendredi de la semaine prochaine.
  [Il n'y a qu'un jeudi et qu'un vendredi dans la semaine.]

- Les mots **matin**, **midi**, **après-midi**, **soir** sont invariables après un nom de jour. On écrit donc : tous les jeudis matin [= au matin].

81 L'infinitif employé comme nom

- L'infinitif employé comme nom est variable.
  Trois allers pour Nice, s'il vous plaît.
  les levers et les couchers du soleil

82 Les mots employés comme adjectifs

- **Turquoise, émeraude, citron, orange, marron...**
  Employés comme adjectifs de couleur, ces noms sont invariables : des yeux marron. ▶ 36

- **Télé, météo, bio, audio, vidéo, extra, super...**
  Les abréviations, les préfixes ou éléments de formation des mots employés comme adjectifs sont invariables, mais certains de ces mots peuvent prendre aujourd'hui la marque du pluriel : des produits bio(s) ; des journalistes très pro(s) ; des bulletins météo ; des fruits extra ; des héros super. ▶ 210

- Les noms comme **nature, maison, limite...** s'accordent ou non selon les cas. ▶ 41

83 Les adjectifs dans les expressions

- **Égal** dans *d'égal à égal* peut rester invariable.
  Il traite Marie d'**égal** à **égal**.

  L'expression *sans égal* s'accorde, sauf au masculin pluriel.
  des pierres précieuses **sans égales**
  des talents **sans égal**

- **Neuf** dans *flambant neuf* peut s'accorder ou rester invariable.
  des voitures **flambant neuf** ou **neuves**

- **Pareil** dans *sans pareil* s'accorde en genre et parfois en nombre.
  une joie **sans pareille**
  des romans **sans pareils** ou **sans pareil** [= sans rien de pareil]

- **Seul** dans *seul à seul* s'accorde en genre.
  Ils sont restés **seul à seul**.
  Elles sont restées **seule à seule**.

- **Bon marché**, **meilleur marché** sont invariables.
  des produits **bon marché**

84 Mot invariable ou nom variable ?

- **Arrière**, **avant** sont invariables comme prépositions, adverbes et adjectifs.
  les roues **avant**, **arrière** d'un véhicule.

  Ils sont variables comme noms.
  ménager ses **arrières**
  la ligne d'**avants** au rugby

- **Environ** est invariable comme adverbe.
  Cela vaut **environ** 100 €.

  Le nom ne s'emploie qu'au pluriel.
  les **environs** de Paris

Les formes en *-ant* : participe présent invariable ou adjectif verbal variable ?

● **On appelle « adjectif verbal » l'adjectif formé à partir du participe présent.**

85 Règle générale

- Le **participe présent** est toujours invariable.
  Vivant au loin, elle n'était au courant de rien.
- L'**adjectif verbal** est variable. Il s'accorde en genre (masculin ou féminin) et en nombre (singulier ou pluriel) avec le nom auquel il se rapporte.
  C'est une enfant très **vivante**.
- Le **gérondif**, participe présent précédé de *en*, est invariable.
  Elle est arrivée **en courant, en dansant**.

86 Participe présent ou adjectif verbal ?

- La forme en -ant est un participe présent **invariable** :
  - s'il y a un sujet (exprimé ou non) ou un complément (on peut remplacer le participe par une forme conjuguée) ;
  Les chiens **obéissant** à leurs maîtres faisaient le guet.
  [= les chiens *qui obéissaient* à leurs maîtres]
  - si on peut l'encadrer avec la négation *ne... pas*.
  Ne **croyant** pas pouvoir réussir, elle a abandonné.

- La forme en **-ant** est un adjectif verbal **variable** :
  - si on peut l'employer comme attribut (après le verbe *être*) ;

  Ces chiens sont **obéissants**.
  - si on peut lui substituer un autre adjectif ;

  une jeune fille **croyante** [= pieuse]
  - si on peut l'employer avec des adverbes comme *très*.

  C'est une musique très **dansante**.

  REMARQUE Il arrive qu'adjectif verbal et participe présent n'aient pas la même orthographe tout en ayant la même prononciation. ▶ 199

Le verbe
et sa conjugaison

Comment lire les fiches de conjugaison ?

Nous donnons plus loin les conjugaisons aux temps simples des verbes les plus usités, réguliers ou irréguliers.

Pour les verbes autres que *avoir*, *être*, *aller*, *chanter*, *finir*, nous avons choisi de ne donner que les personnes-clés de la conjugaison : 1re et 3e personnes, sauf quand ils présentent une particularité à la 2e personne (*vous faites*, *vous dites*...).

Pour chaque verbe modèle, nous avons présenté les modes et les temps de manière à mettre en évidence les ressemblances et les différences.

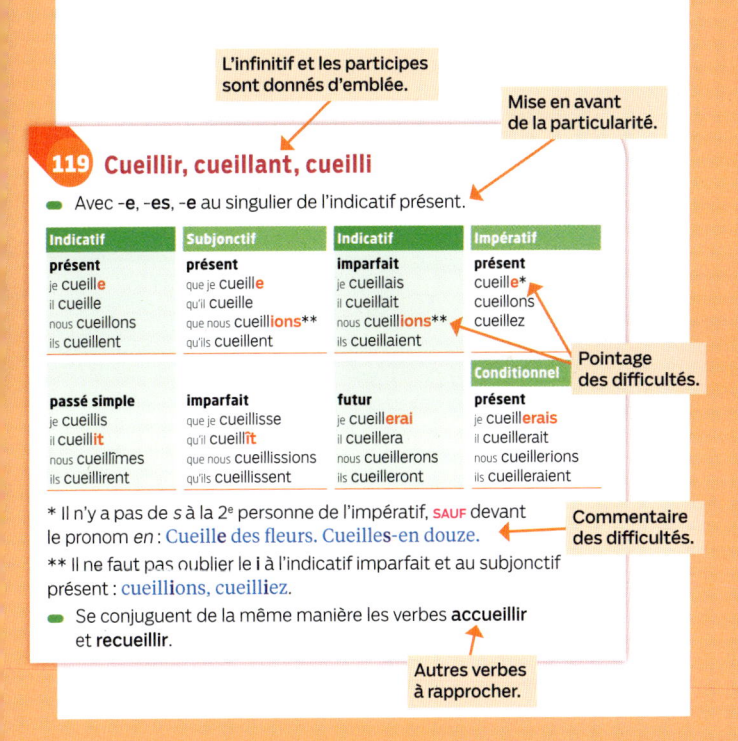

> L'infinitif et les participes sont donnés d'emblée.

> Mise en avant de la particularité.

119 Cueillir, cueillant, cueilli

- Avec -**e**, -**es**, -**e** au singulier de l'indicatif présent.

Indicatif	Subjonctif	Indicatif	Impératif
présent	**présent**	**imparfait**	**présent**
je cueill**e**	que je cueill**e**	je cueillais	cueill**e***
il cueille	qu'il cueille	il cueillait	cueillons
nous cueillons	que nous cueill**ions****	nous cueill**ions****	cueillez
ils cueillent	qu'ils cueillent	ils cueillaient	

			Conditionnel
passé simple	**imparfait**	**futur**	**présent**
je cueillis	que je cueillisse	je cueill**erai**	je cueill**erais**
il cueill**it**	qu'il cueill**ît**	il cueillera	il cueillerait
nous cueillîmes	que nous cueillissions	nous cueillerons	nous cueillerions
ils cueillirent	qu'ils cueillissent	ils cueilleront	ils cueilleraient

> Pointage des difficultés.

* Il n'y a pas de *s* à la 2e personne de l'impératif, SAUF devant le pronom *en* : Cueille des fleurs. Cueille**s**-en douze.

> Commentaire des difficultés.

** Il ne faut pas oublier le **i** à l'indicatif imparfait et au subjonctif présent : cueill**i**ons, cueill**i**ez.

- Se conjuguent de la même manière les verbes **accueillir** et **recueillir**.

> Autres verbes à rapprocher.

Conjugaisons et groupes de verbes

● On appelle « conjugaison » l'ensemble des formes que peut prendre un verbe.

87 Radical et terminaisons

Dans une forme verbale, on distingue le **radical** qui porte le sens du verbe et la **terminaison** qui varie selon la personne (1re, 2e ou 3e personne), le nombre (singulier ou pluriel), le mode (indicatif, subjonctif…) et le temps (présent, imparfait, futur…).
Voici quelques exemples à l'infinitif.

Verbe	Radical	Terminaisons
chanter	chant-	-er
finir	fin-	-ir
faire	fai-	-re
acquérir	acquér-	-ir
savoir	sav-	-oir

88 Verbe régulier ou irrégulier ?

● Dans un **verbe régulier**, le radical ne change pas ; seule la terminaison varie, selon deux modèles : celui du verbe *chanter* ou celui du verbe *finir*.
je chant- **e**   je chant- **erai**   je fin- **is**   je fin- **irai**

● Dans la conjugaison d'un **verbe irrégulier**, le radical et les terminaisons peuvent varier.
je **fai**- s   je **fe**- rai   je **sai**- s   je **sau**- rai
j'**acquier**- s   j'**acquér**- rai

● Le verbe **aller** est un verbe irrégulier qui peut avoir quatre radicaux :
all- (aller, allons, allais, allant…)
v- (vais, va…)   **i-** (ira, irai…)   **aill-** (aille…)

89 Groupes de verbes

On classe traditionnellement les verbes en trois groupes.

- Le **1er groupe** comprend les verbes du type *chanter*. Ce sont les plus nombreux. C'est dans ce groupe de verbes réguliers que se rangent (quasiment tous) les nouveaux verbes dont la langue s'enrichit aujourd'hui.

- Le **2e groupe** comprend les verbes du type *finir*. De très nombreux verbes se conjuguent sur ce modèle.

- Le **3e groupe** comprend une série limitée de verbes irréguliers. On dit parfois que cette conjugaison est « morte » parce qu'elle n'accueille plus de nouveaux verbes.

90 Temps simples et temps composés

- Dans les tableaux de conjugaison nous présentons les verbes aux temps simples.

- Aux temps composés, c'est l'auxiliaire, *avoir* ou *être*, qui est conjugué. Le verbe, lui, est au participe passé.

Modes/Temps	Forme composée	Auxiliaire conjugué
infinitif infinitif passé	avoir chanté	à l'infinitif présent
indicatif passé composé plus-que-parfait passé antérieur futur antérieur	j'ai chanté j'avais chanté j'eus chanté j'aurai chanté	au présent à l'imparfait au passé simple au futur
subjonctif passé plus-que-parfait	q. j'aie chanté q. j'eusse chanté	au présent à l'imparfait
conditionnel passé	j'aurais chanté	au présent
impératif passé	aie chanté	au présent

Les terminaisons pièges

● **Les erreurs les plus fréquentes portent sur des formes identiques à l'oral mais bien distinctes à l'écrit. Quelques « trucs » peuvent aider à lever ces difficultés.**

91 -er ou -é ? infinitif ou participe passé ?

- Après les auxiliaires *avoir* ou *être*, le verbe est toujours au **participe passé**.
  Il a toujours **aimé** le théâtre. Il **est allé** au théâtre.
- Après les verbes *aller*, *pouvoir*, *devoir* et *falloir*, le verbe est toujours à l'**infinitif**.
  Je vais, je peux, je dois **chanter**. Il faut **chanter**.
- Après un verbe construit avec une préposition (*à*, *de*, *pour*…), le verbe est toujours à l'**infinitif**.
  Je commence à, je me mets à, je finis de… **chanter**.
- Après les verbes de mouvement, le verbe est toujours à l'**infinitif**.
  Je pars, je cours, je vole… **chercher** du pain.
- Quand on hésite sur la terminaison en *-é* ou en *-er* d'un verbe, il suffit de remplacer ce verbe par un verbe du 3ᵉ groupe.
  Il a toujours **admiré** cette peinture. Il est **allé** au musée.
  On dirait : Il a toujours **voulu** cette peinture. Il est **venu** au musée.
  ET NON : Il a toujours ~~vouloir~~ cette peinture. Il est ~~venir~~ au musée.
  Il s'agit bien du participe passé et non de l'infinitif.

92 -rai ou -rais ? futur ou conditionnel présent ?

- Quand on hésite entre la terminaison en **-rais** du conditionnel et celle en **-rai** du futur, il suffit de mettre le verbe à la 3ᵉ personne.
  Si c'était possible, j'aime**rais** que tu viennes.
  On dirait : Si c'était possible, il aime**rait** que tu viennes.
  [conditionnel]

ET NON : Si c'était possible, il ~~aimera~~ que tu viennes.
Il s'agit bien du conditionnel présent et non du futur.

93 -ai ou -ais ? passé simple ou imparfait ?

- Quand on hésite entre la terminaison en **-ais** de l'imparfait et celle en **-ai** du passé simple, il suffit de mettre le verbe à la 3e personne.
  Soudain, je décid**ai** de partir.
  On dirait : Soudain, il décid**a** de partir. [passé simple]
  ET NON : Soudain, il ~~décidait~~ de partir.
  Il s'agit bien du passé simple et non de l'imparfait.

94 -e ou -es à l'impératif ?

- Il n'y a **pas de s** à la 2e personne du singulier de l'impératif des verbes du 1er groupe en *-er*, et des verbes du 3e groupe comme *cueillir, ouvrir, offrir, souffrir*.
  Parl**e** ! Téléphon**e**-moi ! Cueill**e** des fleurs.
- Toutefois, devant **en** et **y**, on ajoute un **s** qui permet la liaison.
  Cueill**e** des fleurs, cueill**es**-en beaucoup !

95 -e ou -t au subjonctif ?

- On écrit : qu'il ai**t**, qu'il soi**t**, mais qu'il chant**e**, qu'il finiss**e**, qu'il aill**e**… avec un **e**.
- Seuls les verbes *avoir* et *être* ont un **t** à la 3e personne du singulier du subjonctif présent. Tous les autres verbes se terminent par **e**, y compris les formes qui se terminent par un son voyelle.
  qu'il voi**e**, qu'il ri**e**, qu'il conclu**e**, qu'il extrai**e**…

Le verbe *avoir*

- Employé comme auxiliaire, *avoir* sert à former les temps composés de très nombreux verbes à l'actif :
  - verbes intransitifs (sans COD) : *marcher, courir…*
  - verbes transitifs (avec COD) : *faire, donner…*
- Pour l'accord du participe avec l'auxiliaire *avoir* ▶ 59-62

96 Avoir, ayant, eu

Indicatif	Subjonctif	Indicatif	Impératif
présent	**présent**	**imparfait**	**présent**
j'ai	que j'aie*	j'avais	
tu as	que tu aies	tu avais	aie
il a	qu'il ait**	il avait	
nous avons	que nous ayons***	nous avions	ayons
vous avez	que vous ayez	vous aviez	ayez
ils ont	qu'ils aient	ils avaient	

			Conditionnel
passé simple	**imparfait**	**futur**	**présent**
j'eus	que j'eusse	j'aurai	j'aurais
tu eus	que tu eusses	tu auras	tu aurais
il eut	qu'il eût	il aura	il aurait
nous eûmes	que nous eussions	nous aurons	nous aurions
vous eûtes	que vous eussiez	vous aurez	vous auriez
ils eurent	qu'ils eussent	ils auront	ils auraient

* Attention à ne pas oublier le **e** du subjonctif à la 1re personne du singulier.

** Tout comme pour le verbe *être*, la 3e personne du subjonctif présent se termine par un **t**.

*** Attention à ne pas ajouter de *i* inutile.

Le verbe *être*

- Employé comme auxiliaire, *être* sert à former les temps composés :
  - de certains verbes intransitifs (sans COD) : *devenir, rester, partir, venir…*
  - des verbes pronominaux : *se promener, s'enfuir…*
- Pour l'accord du participe avec l'auxiliaire *être*
  ▶ 57 et ▶ 63-66

97 Être, étant, été

Indicatif	Subjonctif	Indicatif	Impératif
présent	**présent**	**imparfait**	**présent**
je suis	que je sois	j'étais	
tu es	que tu sois	tu étais	sois
il est	qu'il soit*	il était	
nous sommes	que nous soyons**	nous étions	soyons
vous êtes	que vous soyez	vous étiez	soyez
ils sont	qu'ils soient	ils étaient	

			Conditionnel
passé simple	**imparfait**	**futur**	**présent**
je fus	que je fusse	je serai	je serais
tu fus	que tu fusses	tu seras	tu serais
il fut	qu'il fût	il sera	il serait
nous fûmes	que nous fussions	nous serons	nous serions
vous fûtes	que vous fussiez	vous serez	vous seriez
ils furent	qu'ils fussent	ils seront	ils seraient

* Tout comme pour le verbe *avoir*, la 3ᵉ personne du subjonctif présent se termine par un **t**.

** Attention à ne pas ajouter de *i* inutile.

Les verbes réguliers en -*er* (1)

1er groupe

- Ces verbes sont les plus nombreux et ce sont ceux dont la conjugaison est la plus facile. Ils ont tous un participe présent en -*ant* et un participe passé en -*é*.
- Quelques verbes présentent cependant des difficultés orthographiques liées :
  – à la présence d'une voyelle à la finale du radical : cr**é**-er, cr**i**-er, jo**u**-er ;
  – à la correspondance entre prononciation et graphie : c/ç, g/ge, e/è…

98 Chanter, chantant, chanté

Indicatif	Subjonctif	Indicatif	Impératif
présent	**présent**	**imparfait**	**présent**
je chante	que je chante	je chantais	
tu chantes	que tu chantes	tu chantais	chante*
il chante	qu'il chante	il chantait	
nous chantons	que nous chantions	nous chantions	chantons
vous chantez	que vous chantiez	vous chantiez	chantez
ils chantent	qu'ils chantent	ils chantaient	

			Conditionnel
passé simple	**imparfait**	**futur**	**présent**
je chantai	que je chantasse	je chanterai	je chanterais
tu chantas	que tu chantasses	tu chanteras	tu chanterais
il chanta	qu'il chantât	il chantera	il chanterait
nous chantâmes	que nous chantassions	nous chanterons	nous chanterions
vous chantâtes	que vous chantassiez	vous chanterez	vous chanteriez
ils chantèrent	qu'ils chantassent	ils chanteront	ils chanteraient

* Attention, il n'y a pas de *s* à la 2e personne du singulier de l'impératif présent, SAUF devant *en* et *y* :
Chante une chanson, chantes-en deux.
Retourne là-bas, retournes-y.

99 Les verbes en -ger, -cer, -guer

- Les verbes en **-ger** prennent un **e** devant un *a* ou un *o*, afin de conserver la prononciation du *g*.

  changer   changeant
  change   changeons

- Les verbes en **-cer** prennent un **ç** devant un *a* ou un *o*, afin de conserver la prononciation du *c*.

  placer   plaçant
  place   plaçons

- Les verbes en **-guer** conservent le **u** devant un *a* ou un *o*. Ce *u* fait partie du radical.

  conjuguer   conjuguant
  conjugue   conjuguons

100 Les verbes en -éer, -ier, -uer

On fera attention pour ces verbes à bien distinguer le radical et les terminaisons : le **é**, le **i** ou le **u** font partie du radical et non de la terminaison.

- Les verbes en **-éer** se retrouvent avec deux **e** à certaines formes et même trois au participe passé.

  participe passé   cré-é, cré-ée
  futur   il cré-era
  conditionnel présent   il cré-erait

- Les verbes en **-ier** se retrouvent avec deux **i** à l'imparfait et au subjonctif présent.

  indicatif imparfait   nous copi-ions
  subjonctif présent   que nous copi-ions

  Et il ne faut pas oublier le **e** muet au futur et au conditionnel.

  futur   il copi-era
  conditionnel présent   il copi-erait

- Pour les verbes en **-uer**, il ne faut pas oublier le **e** muet au futur et au conditionnel.

futur	il jou-era, salu-era
conditionnel présent	il jou-erait, salu-erait

101 Les verbes en *-gner*, *-iller*

- Il ne faut pas oublier le **i**, qui ne se prononce pas, à l'indicatif imparfait et au subjonctif présent, pour les verbes en **-gner** ou **-iller** comme *peigner, piller, batailler*...

indicatif imparfait	nous peign-ions, pill-ions
subjonctif présent	que nous peign-ions, pill-ions

Les verbes réguliers en -*er* (2) : -*e...er*, -*é...er*

1er groupe

- Certains verbes, comme *acheter*, *geler* ou *semer*, prennent un accent grave sur le *e*, conformément à la prononciation, quand la terminaison comporte un *e* muet.
- D'autres verbes en -*eter* ou -*eler*, comme *jeter* ou *appeler*, doublent la consonne pour obtenir ce même son [ɛ]. Voir « Rectifications orthographiques » ▶ 218.

102 Acheter, achetant, acheté

- Avec **e** ou **è** conformément à la prononciation.

Indicatif	Subjonctif	Indicatif	Impératif
présent	**présent**	**imparfait**	**présent**
j'ach**è**te	q. j'achète	j'achetais	achèt**e**
il achète	q. il achète	il achetait	achetons
nous **achetons**	q. nous achetions	nous achetions	achetez
ils achètent	q. ils achètent	ils achetaient	
			Conditionnel
passé simple	**imparfait**	**futur**	**présent**
j'achetai	q. j'achetasse	j'achète**rai**	j'achète**rais**
il achet**a**	q. il achet**ât**	il achètera	il achèterait
nous achetâmes	q. nous achetassions	nous achèterons	nous achèterions
ils achetèrent	q. ils achetassent	ils achèteront	ils achèteraient

- Se conjuguent de la même manière des verbes comme **geler**, **semer**.

103 Jeter, jetant, jeté

- Avec **t** ou **tt** conformément à la prononciation.

Indicatif	Subjonctif	Indicatif	Impératif
présent	**présent**	**Imparfait**	**présent**
je **jette**	que je jette	je jetais	jett**e**
il jette	qu'il jette	il jetait	jetons
nous **jetons**	que nous jetions	nous jetions	jetez
ils **jettent**	qu'ils jettent	ils jetaient	

			Conditionnel
passé simple	**imparfait**	**futur**	**présent**
je jetai	que je jetasse	je jett**erai**	je jett**erais**
il jet**a**	qu'il jet**ât**	il jettera	il jetterait
nous jetâmes	que nous jetassions	nous jetterons	nous jetterions
ils jetèrent	qu'ils jetassent	ils jetteront	ils jetteraient

- Le verbe **appeler** se conjugue de la même manière avec **l** ou **ll** : nous appelons, ils appellent.

104 Céder, cédant, cédé

- Avec **é** ou **è** conformément à la prononciation.

Indicatif	Subjonctif	Indicatif	Impératif
présent	**présent**	**imparfait**	**présent**
je **cède**	que je cède	je cédais	cèd**e**
il cède	qu'il cède	il cédait	cédons
nous **cédons**	que nous cédions	nous cédions	cédez
ils **cèdent**	qu'ils cèdent	ils cédaient	

			Conditionnel
passé simple	**imparfait**	**futur***	**présent***
je cédai	que je cédasse	je cèd**erai**	je cèd**erais**
il céd**a**	qu'il céd**ât**	il cèdera	il cèderait
nous cédâmes	que nous cédassions	nous cèderons	nous cèderions
ils cédèrent	qu'ils cédassent	ils cèderont	ils cèderaient

* Au futur et au conditionnel présent deux formes sont aujourd'hui admises : **céderai** avec l'accent aigu, forme traditionnelle, et **cèderai** avec l'accent grave, conforme à la prononciation actuelle. ▶ 218

Les verbes réguliers en -*er* (3) : -*ayer*, -*oyer*, -*uyer*

1er groupe

- Devant le *e* muet de certaines terminaisons, les verbes en -*ayer* peuvent se conjuguer de deux façons : avec *y* ou avec *i*.
- Mais les verbes en -*oyer* ou -*uyer* changent toujours le *y* en *i*.

105 Payer, payant, payé

Avec **y** ou **i** devant un **e** : il pa**y**era ou il pa**i**era.

Indicatif

présent
je **paye**
ou **paie**
il paye
ou paie
nous pa**y**ons
ils payent
ou paient

passé simple
je payai
il pay**a**
nous payâmes
ils payèrent

Subjonctif

présent
que je **paye**
ou **paie**
qu'il paye
ou paie
que nous pa**yions***
qu'ils payent
ou paient

imparfait
que je payasse
qu'il pay**ât**
que nous payassions
qu'ils payassent

Indicatif

imparfait
je payais
il payait
nous pa**yions***
ils payaient

futur
je paye**rai**
ou paie**rai**
il payera
ou paiera
nous payerons
ou paierons
ils payeront
ou paieront

Impératif

présent
paye
ou **paie**
payons
payez

Conditionnel

présent
je paye**rais**
ou paie**rais**
il payerait
ou paierait
nous payerions
ou paierions
ils payeraient
ou paieraient

* Il ne faut pas oublier le **i** à l'indicatif imparfait et au subjonctif présent.

106 Nettoyer, nettoyant, nettoyé

- Ce verbe change le **y** en **i** devant un **e**.

Indicatif	Subjonctif	Indicatif	Impératif
présent	**présent**	**imparfait**	**présent**
je **nettoie**	que je **nettoie**	je nettoyais	netto**ie**
il nettoie	qu'il nettoie	il nettoyait	nettoyons
nous **nettoyons**	que nous **nettoyions***	nous nettoy**ions***	nettoyez
ils nettoient	qu'ils nettoient	ils nettoyaient	

			Conditionnel
passé simple	**imparfait**	**futur**	**présent**
je nettoyai	que je nettoyasse	je netto**ierai****	je netto**ierais****
il nettoy**a**	qu'il nettoy**ât**	il nettoiera	il nettoierait
nous nettoyâmes	que nous nettoyassions	nous netto**ierons**	nous netto**ierions**
ils nettoyèrent	qu'ils nettoyassent	ils nettoieront	ils nettoieraient

* Il ne faut pas oublier le **i** à l'indicatif imparfait et au subjonctif présent.

** Au futur et au conditionnel présent : nous nettoi**e**rons, nettoi**e**rions ; noierons, noierions, sans *y*.

- Se conjuguent de la même manière les verbes en **-uyer** : appuyer, ennuyer, essuyer.
  Au futur et au conditionnel présent :
  nous essui**e**rons, nous essui**e**rions, sans *y*.

Les verbes *envoyer* et *aller*

(1er ou 3e groupe)

● Certains rangent parfois le verbe *envoyer* dans le 1er groupe et le verbe *aller* dans le 3e groupe. D'autres les rangent tous les deux dans le 3e groupe (car les radicaux varient).

107 Envoyer, envoyant, envoyé

Ce verbe se conjugue comme *nettoyer* SAUF au futur et au conditionnel présent où il se conjugue comme *voir*.

Indicatif	Subjonctif	Indicatif	Impératif
présent	**présent**	**imparfait**	**présent**
j'envoie	que j'envoie*	j'envoyais	envoie
il envoie	qu'il envoie	il envoyait	envoyons
nous envoyons	que nous envoyions**	nous envoyions**	envoyez
ils envoient	qu'ils envoient	ils envoyaient	

			Conditionnel
passé simple	**imparfait**	**futur**	**présent**
j'envoyai	que j'envoyasse	j'enverrai	j'enverrais
il envoya	qu'il envoyât	il enverra	il enverrait
nous envoyâmes	que nous envoyassions	nous enverrons	nous enverrions
ils envoyèrent	qu'ils envoyassent	ils enverront	ils enverraient

* Bien prononcer : que j'envoie sans ajouter de *y*.

** Il ne faut pas oublier le **i** à l'indicatif imparfait et au subjonctif présent : envoy**i**ons, envoy**i**ez.

108 Aller, allant, allé

- Le verbe **aller** se conjugue avec l'auxiliaire *être* :
  Je suis allée, elle est allée.
- Il s'emploie aussi comme un auxiliaire pour former le futur dit « proche ».
  On va partir, on va marcher. Nous allons partir.

  Le verbe qui suit est toujours à l'infinitif.

Indicatif	Subjonctif	Indicatif	Impératif
présent	**présent**	**imparfait**	**présent**
je vais	que j'aille	j'allais	
tu vas	que tu ailles	tu allais	**va***
il **va**	qu'il aille	il allait	
nous allons	que nous allions	nous allions	allons
vous allez	que vous alliez	vous alliez	allez
ils vont	qu'ils aillent	ils allaient	

			Conditionnel
passé simple	**imparfait**	**futur**	**présent**
j'allai	que j'allasse	j'**irai**	j'**irais**
tu allas	que tu allasses	tu iras	tu irais
il all**a**	qu'il all**ât**	il ira	il irait
nous allâmes	que nous allassions	nous irons	nous irions
vous allâtes	que vous allassiez	vous irez	vous iriez
ils allèrent	qu'ils allassent	ils iront	ils iraient

* À l'impératif, *va* prends un **s** devant *y* : vas-y.

Les verbes réguliers en -*ir*

2ᵉ groupe

- Ces verbes sont très nombreux. Ils se caractérisent par un radical qui ne change pas et des terminaisons régulières, que nous avons mises en évidence sur le tableau modèle suivant des verbes du 2ᵉ groupe.

- Ils ont tous un participe présent en -*issant* et un participe passé en -*i*.

109 Finir, finissant, fini

Indicatif	Subjonctif	Indicatif	Impératif
présent	**présent**	**imparfait**	**présent**
je finis	que je finisse	je finissais	
tu finis	que tu finisses	tu finissais	finis
il finit	qu'il finisse	il finissait	
nous finissons	que nous finissions	nous finissions	finissons
vous finissez	que vous finissiez	vous finissiez	finissez
ils finissent	qu'ils finissent	ils finissaient	

			Conditionnel
passé simple	**imparfait**	**futur**	**présent**
je finis	que je finisse	je finirai	je finirais
tu finis	que tu finisses	tu finiras	tu finirais
il finit	qu'il finît	il finira	il finirait
nous finîmes	que nous finissions	nous finirons	nous finirions
vous finîtes	que vous finissiez	vous finirez	vous finiriez
ils finirent	qu'ils finissent	ils finiront	ils finiraient

110 Haïr, haïssant, haï

- Ce verbe se conjugue sur le modèle de **finir**, sauf aux trois premières personnes de l'indicatif présent où le tréma disparaît : je hais, tu hais, il hait.

Les verbes irréguliers en *-ir* (1) : avec *-s, -s, -t* au présent

(3ᵉ groupe)

- Ces verbes font partie du 3ᵉ groupe.
  Les radicaux et les terminaisons varient. ▶ 89
- Ils ont un participe présent en *-ant* et un participe passé en *-u, -i, -t* ou *-s*.

111 Tenir, tenant, tenu

- Avec **-s, -s, -t** au singulier de l'indicatif présent.

Indicatif	Subjonctif	Indicatif	Impératif
présent	**présent**	**imparfait**	**présent**
je tien**s**	que je tienne	je tenais	tiens
il tien**t**	qu'il tienne	il tenait	tenons
nous **tenons**	que nous tenions	nous tenions	tenez
ils tiennent	qu'ils tiennent	ils tenaient	

			Conditionnel
passé simple	**imparfait**	**futur**	**présent**
je tins	que je tinsse	je tiend**rai**	je tiend**rais**
il t**î**nt	qu'il t**î**nt	il tiendra	il tiendrait
nous tînmes	que nous tinssions	nous tiendrons	nous tiendrions
ils tinrent	qu'ils tinssent	ils tiendront	ils tiendraient

- Se conjuguent de la même manière **venir** et tous les verbes en **-tenir** ou **-venir** : contenir, provenir, se souvenir, etc.

112 Partir, partant, parti

- Avec **-s, -s, -t** au singulier de l'indicatif présent.

Indicatif	Subjonctif	Indicatif	Impératif
présent	**présent**	**imparfait**	**présent**
je **pars**	que je parte	je partais	pars
il part	qu'il parte	il partait	partons
nous **partons**	que nous partions	nous partions	partez
ils partent	qu'ils partent	ils partaient	

			Conditionnel
passé simple	**imparfait**	**futur**	**présent**
je partis	que je partisse	je partirai	je partirais
il partit	qu'il partît	il partira	il partirait
nous partîmes	que nous partissions	nous partirons	nous partirions
ils partirent	qu'ils partissent	ils partiront	ils partiraient

- Se conjuguent de la même manière **mentir, sortir, dormir, servir**... Tous ces verbes perdent la consonne finale du radical (= le **t** de *partir, mentir, sortir* ; le **m** de *dormir* ou le **v** de *servir*) au singulier de l'indicatif présent et de l'impératif.

113 Bouillir, bouillant, bouilli

Indicatif	Subjonctif	Indicatif	Impératif
présent	**présent**	**imparfait**	**présent**
je **bous**	que je bouille	je bouillais	bous
il bout	qu'il bouille	il bouillait	bouillons
nous **bouillons**	que nous bouillions	nous bouillions	bouillez
ils bouillent	qu'ils bouillent	ils bouillaient	

			Conditionnel
passé simple	**imparfait**	**futur**	**présent**
je bouillis	que je bouillisse	je bouillirai	je bouillirais
il bouillit	qu'il bouillît	il bouillira*	il bouillirait
nous bouillîmes	que nous bouillissions	nous bouillirons	nous bouillirions
ils bouillirent	qu'ils bouillissent	ils bouilliront	ils bouilliraient

* Attention au futur : quand l'eau bouillira (et non ~~bouera~~).

114 Courir, courant, couru

Indicatif	Subjonctif	Indicatif	Impératif
présent	**présent**	**imparfait**	**présent**
je **cours***	que je **coure***	je courais	cours
il **court**	qu'il **coure**	il courait	courons
nous courons	que nous courions	nous courions	courez
ils courent	qu'ils courent	ils couraient	

			Conditionnel
passé simple	**imparfait**	**futur**	**présent**
je courus	que je courusse	je **courrai****	je **courrais****
il cour**ut**	qu'il cour**ût**	il courra	il courrait
nous courûmes	que nous courussions	nous courrons	nous courrions
ils coururent	qu'ils courussent	ils courront	ils courraient

* Bien noter : je cours, il court à l'indicatif présent ; que je coure, qu'il coure au subjonctif présent.

** Attention ! il n'y a deux r qu'au futur et au conditionnel présent.

115 Mourir, mourant, mort

Indicatif	Subjonctif	Indicatif	Impératif
présent	**présent**	**imparfait**	**présent**
je **meurs***	que je **meure***	je mourais	meurs
il **meurt**	qu'il **meure**	il mourait	mourons
nous mourons	que nous mourions	nous mourions	mourez
ils meurent	qu'ils meurent	ils mouraient	

			Conditionnel
passé simple	**imparfait**	**futur**	**présent**
je mourus	que je mourusse	je **mourrai****	je **mourrais****
il mour**ut**	qu'il mour**ût**	il mourra	il mourrait
nous mourûmes	que nous mourussions	nous mourrons	nous mourrions
ils moururent	qu'ils mourussent	ils mourront	ils mourraient

* Bien noter : je meurs, il meurt à l'indicatif présent ; que je meure, qu'il meure au subjonctif présent.

** Attention ! il n'y a deux r qu'au futur et au conditionnel présent.

116 Acquérir, acquérant, acquis

Indicatif	Subjonctif	Indicatif	Impératif
présent j'acqu**iers*** il acqu**iert** nous acquérons ils acqu**ièrent**	**présent** que j'acqu**ière*** qu'il acqu**ière** que nous acquérions qu'ils acqu**ièrent**	**imparfait** j'acquérais il acquérait nous acquérions ils acquéraient	**présent** acquiers acquérons acquérez
passé simple j'acquis il acqui**t** nous acqu**îmes** ils acquirent	**imparfait** que j'acquisse qu'il acqu**ît** que nous acquissions qu'ils acquissent	**futur** j'acque**rrai**** il acquerra nous acquerrons ils acquerront	**Conditionnel** **présent** j'acque**rrais**** il acquerrait nous acquerrions ils acquerraient

* Bien noter : j'acqu**iers** à l'indicatif présent et que j'acqu**ière** au subjonctif présent.

** Attention ! il n'y a deux **r** qu'au futur et au conditionnel présent.

- Ainsi se conjuguent **conquérir** et **requérir**.

117 Fuir, fuyant, fui

Indicatif	Subjonctif	Indicatif	Impératif
présent je **fuis** il **fuit** nous fuyons ils fuient	**présent** que je **fuie** qu'il **fuie** que nous fuy**ions*** qu'ils fuient	**imparfait** je fuyais il fuyait nous fuy**ions*** ils fuyaient	**présent** fuis fuyons fuyez
passé simple je fuis il fui**t** nous fu**îmes** ils fuirent	**imparfait** que je fuisse qu'il fu**ît** que nous fuissions qu'ils fuissent	**futur** je fui**rai** il fuira nous fuirons ils fuiront	**Conditionnel** **présent** je fui**rais** il fuirait nous fuirions ils fuiraient

* Il ne faut pas oublier le **i** à l'indicatif imparfait et au subjonctif présent : fuy**i**ons, fuy**i**ez.

- Se conjugue de la même manière **s'enfuir**.

Les verbes irréguliers en -*ir* (2) : avec -*e*, -*es*, -*e* au présent

3e groupe

- Ces verbes se conjuguent comme *chanter* à certains temps et comme *finir* à d'autres.

118 Ouvrir, ouvrant, ouvert

- Avec -*e*, -*es*, -*e* au singulier de l'indicatif présent.

Indicatif	Subjonctif	Indicatif	Impératif
présent	**présent**	**imparfait**	**présent**
j'ouvr**e**	que j'ouvr**e**	j'ouvrais	ouvr**e***
il ouvre	qu'il ouvre	il ouvrait	ouvrons
nous ouvrons	que nous ouvrions	nous ouvrions	ouvrez
ils ouvrent	qu'ils ouvrent	ils ouvraient	

			Conditionnel
passé simple	**imparfait**	**futur**	**présent**
j'ouvris	que j'ouvrisse	j'ouvri**rai**	j'ouvri**rais**
il ouvri**t**	qu'il ouvr**ît**	il ouvrira	il ouvrirait
nous ouvr**îmes**	que nous ouvrissions	nous ouvrirons	nous ouvririons
ils ouvrirent	qu'ils ouvrissent	ils ouvriront	ils ouvriraient

* Il n'y a pas de *s* à la 2e personne de l'impératif, SAUF devant le pronom *en* : Ouvr**e** les huîtres, ouvr**e**s-en douze.

- Se conjuguent de la même manière les verbes **offrir** et **souffrir**.

119 Cueillir, cueillant, cueilli

- Avec **-e**, **-es**, **-e** au singulier de l'indicatif présent.

Indicatif	Subjonctif	Indicatif	Impératif
présent	**présent**	**imparfait**	**présent**
je cueille	que je cueille	je cueillais	cueille*
il cueille	qu'il cueille	il cueillait	cueillons
nous cueillons	que nous cueillions**	nous cueillions**	cueillez
ils cueillent	qu'ils cueillent	ils cueillaient	

			Conditionnel
passé simple	**imparfait**	**futur**	**présent**
je cueillis	que je cueillisse	je cueillerai	je cueillerais
il cueillit	qu'il cueillît	il cueillera	il cueillerait
nous cueillîmes	que nous cueillissions	nous cueillerons	nous cueillerions
ils cueillirent	qu'ils cueillissent	ils cueilleront	ils cueilleraient

* Il n'y a pas de *s* à la 2ᵉ personne de l'impératif, SAUF devant les pronoms *en* et *y* : Cueille des fleurs dans le jardin. Cueilles-en douze. Cueilles-y des fleurs.

** Il ne faut pas oublier le **i** à l'indicatif imparfait et au subjonctif présent : cueillions, cueilliez.

- Se conjuguent de la même manière les verbes **accueillir** et **recueillir**.

Les verbes en -*oir* (1) : avec -*s*, -*s*, -*t* au présent

3ᵉ groupe

- À l'exception du verbe *asseoir*, tous les verbes en -*oir* ont un participe passé en -*u*.

120 Voir, voyant, vu

- Avec -*s*, -*s*, -*t* à l'indicatif présent, mais -*e*, -*es*, -*e* au subjonctif présent.

Indicatif	Subjonctif	Indicatif	Impératif
présent	**présent**	**imparfait**	**présent**
je **vois**	que je **voie***	je voyais	vois
il **voit**	qu'il **voie**	il voyait	voyons
nous voyons	que nous vo**yions****	nous vo**yions****	voyez
ils voient	qu'ils voient	ils voyaient	

			Conditionnel
passé simple	**imparfait**	**futur**	**présent**
je **vis**	que je visse	je **verrai**	je **verrais**
il **vit**	qu'il vît	il verra	il verrait
nous vîmes	que nous vissions	nous verrons	nous verrions
ils virent	qu'ils vissent	ils verront	ils verraient

* Bien prononcer : que je voie sans ajouter de *y*.

** Il ne faut pas oublier le **i** à l'indicatif imparfait et au subjonctif présent : vo**yi**ons, vo**yi**ez.

- Se conjuguent de la même manière les verbes **revoir** et **entrevoir**.

- Le verbe **prévoir** fait je prévoirai, tu prévoiras... au futur et je prévoirais, tu prévoirais... au conditionnel présent. Voir aussi *pourvoir*. ▶ 124

121 Recevoir, recevant, reçu

- Avec un **ç** devant *o* et *u* : il reçoit, il reçut.

Indicatif	Subjonctif	Indicatif	Impératif
présent	**présent**	**imparfait**	**présent**
je reçois	que je reçoive	je recevais	reçois
il reçoit	qu'il reçoive	il recevait	recevons
nous recevons	que nous recevions	nous recevions	recevez
ils reçoivent	qu'ils reçoivent	ils recevaient	

			Conditionnel
passé simple	**imparfait**	**futur**	**présent**
je reçus	que je reçusse	je recevrai	je recevrais
il reçut	qu'il reçût	il recevra	il recevrait
nous reçûmes	que nous reçussions	nous recevrons	nous recevrions
ils reçurent	qu'ils reçussent	ils recevront	ils recevraient

- Ainsi se conjuguent **apercevoir, concevoir, décevoir, percevoir**.

122 Devoir, devant, dû*

Indicatif	Subjonctif	Indicatif	Impératif
présent	**présent**	**imparfait**	
je dois	que je doive	je devais	
il doit	qu'il doive	il devait	*inusité*
nous devons	que nous devions	nous devions	
ils doivent	qu'ils doivent	ils devaient	

			Conditionnel
passé simple	**imparfait**	**futur**	**présent**
je dus	que je dusse	je devrai	je devrais
il dut	qu'il dût	il devra	il devrait
nous dûmes	que nous dussions	nous devrons	nous devrions
ils durent	qu'ils dussent	ils devront	ils devraient

* Attention à l'accent circonflexe sur le **u** du participe passé.
Il n'existe qu'au masculin singulier : dû, mais dus, due, dues.

123 Savoir, sachant, su

Indicatif	Subjonctif	Indicatif	Impératif
présent je **sais** il sait nous savons ils savent	**présent** que je **sache** qu'il sache que nous sachions qu'ils sachent	**imparfait** je savais il savait nous savions ils savaient	**présent** **sache** sachons sachez

			Conditionnel
passé simple je sus il sut nous sûmes ils surent	**imparfait** que je susse qu'il sût que nous sussions qu'ils sussent	**futur** je **saurai** il saura nous saurons ils sauront	**présent** je **saurais** il saurait nous saurions ils sauraient

124 Pourvoir, pourvoyant, pourvu

● Ce verbe se conjugue comme le verbe **voir**, SAUF au futur (et donc au conditionnel présent) et au passé simple (et donc au subjonctif imparfait).

Indicatif	Subjonctif	Indicatif	Impératif
présent je pourvois il pourvoit nous pourvoyons ils pourvoient	**présent** que je pour**voie** qu'il pour**voie** que nous pourvoy**ions*** qu'ils pourvoient	**imparfait** je pourvoyais il pourvoyait nous pourvoy**ions*** ils pourvoyaient	**présent** pourvois pourvoyons pourvoyez

			Conditionnel
passé simple je pourvus il pourvut nous pourvûmes ils pourvurent	**imparfait** que je pourvusse qu'il pourvût que nous pourvussions qu'ils pourvussent	**futur** je pourvoi**rai** il pourvoira nous pourvoirons ils pourvoiront	**présent** je pourvoi**rais** il pourvoirait nous pourvoirions ils pourvoiraient

* Il ne faut pas oublier le **i** à l'indicatif imparfait et au subjonctif présent.

125 Émouvoir, émouvant, ému

Indicatif	Subjonctif	Indicatif	Impératif
présent	**présent**	**imparfait**	**présent**
j'**émeus**	que j'**émeuve**	j'**émouvais**	émeus
il émeut	qu'il émeuve	il émouvait	émouvons
nous émouvons	que nous émouvions	nous émouvions	émouvez
ils émeuvent	qu'ils émeuvent	ils émouvaient	

			Conditionnel
passé simple	**imparfait**	**futur**	**présent**
j'émus	que j'émusse	j'émouv**rai**	j'émouv**rais**
il ém**ut**	qu'il ém**ût**	il émouvra	il émouvrait
nous émûmes	que nous émussions	nous émouvrons	nous émouvrions
ils émurent	qu'ils émussent	ils émouvront	ils émouvraient

- Se conjuguent de la même manière les verbes **promouvoir** et **mouvoir**.
  MAIS le verbe **mouvoir** fait au participe passé mû, mue, mus, mues avec un accent circonflexe au masculin singulier que les « Rectifications orthographiques » proposent de supprimer. ▶ 218

- Ces verbes sont surtout employés aux temps composés, à l'infinitif et aux participes car l'alternance entre -meuv- et -mouv- les rend très difficiles à conjuguer.
  C'est pour cette raison que les nouveaux verbes *émotionner* et *promotionner*, réguliers, tendent à les remplacer dans la langue courante.

126 Asseoir, asseyant/assoyant, assis

- Bien noter le **e** de l'infinitif qui disparaît dans les autres formes :
  Venez vous ass**e**oir (avec **e**).
  MAIS Je m'ass**ois** (sans **e**).

- Ce verbe a deux conjugaisons. Les formes je m'assieds, asseyons-nous... sont les plus usuelles aujourd'hui.
  Mais, au sens figuré, on emploie plutôt la forme en **oi** :
  Il ass**oit** sa réputation sur ce projet.

Indicatif	Subjonctif	Indicatif	Impératif
présent	**présent**	**imparfait**	**présent**
j'assieds	que j'asseye	j'asseyais	assieds*
ou assois	ou assoie	ou assoyais	ou assois*
il assied	qu'il asseye	il asseyait	asseyons
ou assoit	ou assoie	ou assoyait	ou assoyons
nous asseyons	que nous asseyions**	nous asseyions**	asseyez
ou assoyons	ou assoyions	ou assoyions	ou assoyez
ils asseyent	qu'ils asseyent	ils asseyaient	
ou assoient	ou assoient	ou assoyaient	

			Conditionnel
passé simple	**imparfait**	**futur**	**présent**
j'assis	que j'assisse	j'assiérai	j'assiérais
il assit	qu'il assît	ou assoirai	ou assoirais
nous assîmes	que nous assissions	il assiéra	il assiérait
ils assirent	qu'ils assissent	ou assoira	ou assoirait
		nous assiérons	nous assiérions
		ou assoirons	ou assoirions
		ils assiéront	ils assiéraient
		ou assoiront	ou assoiraient

* Attention ! On entend souvent à l'oral la forme fautive : ~~assis-toi~~.
On doit dire : assieds-toi ou assois-toi.

** Il ne faut pas oublier le **i** à l'indicatif imparfait et au subjonctif présent.

Les verbes en -oir (2) : avec -x, -x, -t au présent

3e groupe

- Les verbes *pouvoir*, *vouloir* et *valoir*, *équivaloir*, *prévaloir* sont les seuls verbes en -x, -x, -t à l'indicatif présent : *je veux, tu veux, il veut*.
- Tous les participes passés de ces verbes sont en -u.

127 Pouvoir, pouvant, pu

Indicatif	Subjonctif	Indicatif	Impératif
présent	**présent**	**Imparfait**	
je **peux/puis***	que je **puisse**	je **pouvais**	
il peut	qu'il puisse	il pouvait	*inusité*
nous pouvons	que nous puissions	nous pouvions	
ils peuvent	qu'ils puissent	ils pouvaient	

			Conditionnel
passé simple	**imparfait**	**futur**	**présent**
je pus	que je pusse	je **pourrai****	je **pourrais****
il p**ut**	qu'il p**ût**	il pourra	il pourrait
nous pûmes	que nous pussions	nous pourrons	nous pourrions
ils purent	qu'ils pussent	ils pourront	ils pourraient

* La forme *puis* ne s'emploie plus guère aujourd'hui sauf dans une question : **Puis-je entrer ?**

** Attention ! Il y a **-rr-** au futur et au conditionnel présent.

128 Vouloir, voulant, voulu

Indicatif	Subjonctif	Indicatif	Impératif
présent	**présent**	**imparfait**	**présent**
je **veux**	que je **veuille**	je **voulais**	veux/veuille
il veut	qu'il veuille	il voulait	voulons
nous voulons	que nous voulions	nous voulions	voulez/**veuillez***
ils veulent	qu'ils veuillent	ils voulaient	

			Conditionnel
passé simple	**imparfait**	**futur**	**présent**
je voulus	que je voulusse	je voud**rai**	je voud**rais**
il voul**ut**	que il voul**ût**	il voudra	il voudrait
nous voulûmes	que nous voulussions	nous voudrons	nous voudrions
ils voulurent	que ils voulussent	ils voudront	ils voudraient

* L'emploi de l'impératif est très rare, sauf la forme *veuillez* qui est très courante dans les formules de politesse ou les ordres « atténués » : **Veuillez** agréer... **Veuillez** fermer la porte s'il vous plaît.

129 Valoir, valant, valu

Indicatif	Subjonctif	Indicatif	Impératif
présent	**présent**	**imparfait**	**présent**
je **vaux**	que je **vaille**	je **valais**	vaux
il vaut	qu'il vaille	il valait	valons
nous valons	que nous valions	nous valions	valez
ils valent	qu'ils vaillent	ils valaient	

			Conditionnel
passé simple	**imparfait**	**futur**	**présent**
je valus	que je valusse	je vaud**rai**	je vaud**rais**
il val**ut**	qu'il val**ût**	il vaudra	il vaudrait
nous valûmes	que nous valussions	nous vaudrons	nous vaudrions
ils valurent	qu'ils valussent	ils vaudront	ils vaudraient

- Se conjuguent de la même manière les verbes **équivaloir** et **prévaloir**.
  MAIS le verbe **prévaloir** fait *que je prévale* au subjonctif présent.

Les verbes en -*oir* (3) : *falloir* et *pleuvoir*

3e groupe

130 Falloir, fallu

- Le verbe impersonnel **falloir** ne se conjugue qu'à la 3e personne du singulier avec le pronom neutre *il*.

Indicatif	Subjonctif	Indicatif	Impératif
présent il faut	présent qu'il **faille**	imparfait il fallait	présent –
			Conditionnel
passé simple il fall**ut**	imparfait qu'il fall**ût**	futur il faudra	présent il faudrait

131 Pleuvoir, pleuvant, plu

- Le verbe **pleuvoir** est impersonnel au sens propre (sens météorologique). Mais, au sens figuré, on peut l'employer avec un autre sujet, uniquement à la 3e personne, au singulier ou au pluriel : Les coups **pleuvaient** sur lui.

Indicatif	Subjonctif	Indicatif	Impératif
présent il pleut ils pleuvent	présent qu'il pleuve qu'ils pleuvent	imparfait il pleuvait ils pleuvaient	présent –
			Conditionnel
passé simple il pl**ut** ils plurent	imparfait qu'il pl**ût** qu'ils plussent	futur il pleuvra ils pleuvront	présent il pleuvrait ils pleuvraient

Les verbes en -*re* (1) : -*aire* et -*oire*

(3ᵉ groupe)

- Avec -*ais*, -*ais*, -*ait* pour les uns et -*ois*, -*ois*, -*oit* pour les autres au présent de l'indicatif.
- Ces verbes ont un participe passé soit en -*t*, soit en -*u*.

132 Faire, faisant, fait

Indicatif	Subjonctif	Indicatif	Impératif
présent	**présent**	**imparfait**	**présent**
je fais	que je fasse	je faisais*	
tu fais	que tu fasses	tu faisais*	fais
il fait	qu'il fasse	il faisait*	
nous faisons*	que nous fassions	nous faisions*	faisons*
vous **faites****	que vous fassiez	vous faisiez*	**faites****
ils font	qu'ils fassent	ils faisaient*	

			Conditionnel
passé simple	**imparfait**	**futur**	**présent**
je fis	que je fisse	je fe**rai**	je fe**rais**
tu fis	que tu fisses	tu feras	tu ferais
il **fit**	qu'il **fît**	il fera	il ferait
nous fîmes	que nous fissions	nous ferons	nous ferions
vous fîtes	que vous fissiez	vous ferez	vous feriez
ils firent	qu'ils fissent	ils feront	ils feraient

* On écrit *ai*, mais on prononce *e*.

** À la 2ᵉ personne du pluriel de l'indicatif et de l'impératif présent, *faire* et tous ses composés (*défaire*, *refaire*, *contrefaire*…) font vous **faites** (**défaites**, **refaites**, **contrefaites**…).

133 Extraire, extrayant, extrait

Indicatif	Subjonctif	Indicatif	Impératif
présent	**présent**	**imparfait**	**présent**
j'extrai**s**	que j'extrai**e**	j'extrayais	extrais
il extrai**t**	qu'il extrai**e**	il extrayait	extrayons
nous extrayons	que nous extray**ions***	nous extray**ions***	extrayez
ils extraient	qu'ils extraient	ils extrayaient	

			Conditionnel
passé simple	**imparfait**	**futur**	**présent**
		j'extrai**rai**	j'extrai**rais**
inusité	*inusité*	il extraira	il extrairait
		nous extrairons	nous extrairions
		ils extrairont	ils extrairaient

* Il ne faut pas oublier le **i** à l'indicatif imparfait et au subjonctif présent : extray**i**ons, extray**i**ez.

● Se conjuguent de la même manière **distraire**, **soustraire**...

134 Taire, taisant, tu

Indicatif	Subjonctif	Indicatif	Impératif
présent	**présent**	**imparfait**	**présent**
je tais	que je taise	je taisais	tais
il tait	qu'il taise	il taisait	taisons
nous taisons	que nous taisions	nous taisions	taisez
ils taisent	qu'ils taisent	ils taisaient	

			Conditionnel
passé simple	**imparfait**	**futur**	**présent**
je tus	que je tusse	je tai**rai**	je tai**rais**
il t**ut**	qu'il t**ût**	il taira	il tairait
nous tûmes	que nous tussions	nous tairons	nous tairions
ils turent	qu'ils tussent	ils tairont	ils tairaient

● Se conjuguent de la même manière **plaire**, **déplaire**, **complaire**, mais les participes passés **plu**, **déplu** et **complu** sont invariables. On écrit pla**ît**, dépla**ît**, compla**ît** avec un accent circonflexe. Les « Rectifications orthographiques » suppriment cet accent. ▶ 218

135 Croire, croyant, cru

- Avec **-s, -s, -t** à l'indicatif présent, mais **-e, -es, -e** au subjonctif présent.

Indicatif	Subjonctif	Indicatif	Impératif
présent	**présent**	**imparfait**	**présent**
je crois	que je croie*	je croyais	crois
il croit	qu'il croie	il croyait	croyons
nous croyons	que nous croyions	nous croyions**	croyez
ils croient	qu'ils croient	ils croyaient	

Indicatif	Subjonctif	Indicatif	Conditionnel
passé simple	**imparfait**	**futur**	**présent**
je crus	que je crusse	je croirai	je croirais
il crut	qu'il crût	il croira	il croirait
nous crûmes	que nous crussions	nous croirons	nous croirions
ils crurent	qu'ils crussent	ils croiront	ils croiraient

* Bien prononcer : que je croie sans ajouter de *y*.

** Il ne faut pas oublier le **i** à l'indicatif imparfait et au subjonctif présent : croyions, croyiez.

136 Boire, buvant, bu

Indicatif	Subjonctif	Indicatif	Impératif
présent	**présent**	**imparfait**	**présent**
je bois	que je boive	je buvais	bois
il boit	qu'il boive	il buvait	buvons
nous buvons	que nous buvions	nous buvions	buvez
ils boivent	qu'ils boivent	ils buvaient	

Indicatif	Subjonctif	Indicatif	Conditionnel
passé simple	**imparfait**	**futur**	**présent**
je bus	que je busse	je boirai	je boirais
il but	qu'il bût	il boira	il boirait
nous bûmes	que nous bussions	nous boirons	nous boirions
ils burent	qu'ils bussent	ils boiront	ils boiraient

Les verbes en -*re* (2) : -*uire* et -*ire*

3ᵉ groupe

- De nombreux verbes se conjuguent sur le modèle de *conduire* : *construire, cuire, déduire, produire, séduire*...
- Le verbe *dire* et ses composés présentent des particularités. Tous ces verbes ont un participe passé en -*t*.
- Les autres verbes en -*ire* ont leur participe passé en -*t* (*écrire*), en -*u* (*lire*) ou en -*i* (*rire*).

137 Conduire, conduisant, conduit

Indicatif	Subjonctif	Indicatif	Impératif
présent	**présent**	**imparfait**	**présent**
je conduis	que je conduise	je conduisais	conduis
il conduit	qu'il conduise	il conduisait	
nous conduisons	que nous conduisions	nous conduisions	conduisons
vous conduisez	que vous conduisiez	vous conduisiez	conduisez
ils conduisent	qu'ils conduisent	ils conduisaient	
			Conditionnel
passé simple	**imparfait**	**futur**	**présent**
je conduisis	que je conduisisse	je conduirai	je conduirais
il conduisit	qu'il conduisît	il conduira	il conduirait
nous conduisîmes	que nous conduisissions	nous conduirons	nous conduirions
ils conduisirent	qu'ils conduisissent	ils conduiront	ils conduiraient

- Les verbes **dire, redire, interdire, contredire, dédire, médire** et **prédire** font au passé simple :
  je dis, il dit, nous dîmes, ils dirent
  j'interdis, il interdit, nous interdîmes, ils interdirent
  et donc au subjonctif imparfait :
  que je disse, qu'il dît, que nous dissions, qu'ils dissent
  que j'interdisse, qu'il interdît, que nous interdissions, qu'ils interdissent.

  MAIS les verbes **dire** et **redire** ont une autre particularité. Ils font :
  vous **dites**, vous **redites** à l'indicatif présent et donc à l'impératif :
  dites, redites.

138 Lire, lisant, lu

Indicatif	Subjonctif	Indicatif	Impératif
présent	**présent**	**imparfait**	**présent**
je lis	que je lise	je lisais	lis
il lit	qu'il lise	il lisait	lisons
nous lisons	que nous lisions	nous lisions	lisez
ils lisent	qu'ils lisent	ils lisaient	

			Conditionnel
passé simple	**imparfait**	**futur**	**présent**
je lus	que je lusse	je lirai	je lirais
il lut	qu'il lût	il lira	il lirait
nous lûmes	que nous lussions	nous lirons	nous lirions
ils lurent*	qu'ils lussent	ils liront	ils liraient

* Attention au passé simple : ils **lurent** (élurent) et non ~~ils lirent~~ (~~élirent~~).

- Ainsi se conjugue **élire**.
- Ces verbes se conjuguent comme *conduire*, SAUF au participe passé, au passé simple et donc au subjonctif imparfait.

139 Écrire, écrivant, écrit

Indicatif	Subjonctif	Indicatif	Impératif
présent	**présent**	**imparfait**	**présent**
j'écris	que j'écrive	j'écrivais	écris
il écrit	qu'il écrive	il écrivait	écrivons
nous écrivons	que nous écrivions	nous écrivions	écrivez
ils écrivent	qu'ils écrivent	ils écrivaient	

			Conditionnel
passé simple	**imparfait**	**futur**	**présent**
j'écrivis	que j'écrivisse	j'écrirai	j'écrirais
il écrivit	qu'il écrivît	il écrira	il écrirait
nous écrivîmes	que nous écrivissions	nous écrirons	nous écririons
ils écrivirent	qu'ils écrivissent	ils écriront	ils écriraient

- **Décrire** et tous les composés en **-scrire** (inscrire, transcrire…) se conjuguent sur ce modèle.

140 Rire, riant, ri

Indicatif	Subjonctif	Indicatif	Impératif
présent	**présent**	**imparfait**	**présent**
je ris	que je **rie***	je riais	ris
il rit	qu'il **rie***	il riait	rions
nous rions	que nous **rii**ons**	nous **rii**ons**	riez
ils rient	qu'ils rient	ils riaient	

			Conditionnel
passé simple	**imparfait**	**futur**	**présent**
je ris	que je risse	je ri**rai**	je ri**rais**
il r**î**t	qu'il rît	il rira	il rirait
nous rîmes	que nous rissions	nous rirons	nous ririons
ils rirent	qu'ils rissent	ils riront	ils riraient

* Avec **e** au subjonctif présent : Je voudrais qu'il rie.
** Avec deux **i** : le **i** du radical et le **i** de la terminaison.

● Se conjugue de la même manière **sourire**.

Les verbes en -*re* (3) : -*dre* et -*pre*

[3e groupe]

- Certains de ces verbes irréguliers en -*re* gardent la consonne finale du radical (*d* ou *p*), d'autres la perdent à certaines formes.
- Les verbes en -*pre* présentent une autre particularité.
- Les participes peuvent être en -*u*, en -*s*, ou en -*t*.

141 Rendre, rendant, rendu

Indicatif	Subjonctif	Indicatif	Impératif
présent	**présent**	**imparfait**	**présent**
je rends	que je rende	je rendais	rends
il rend	qu'il rende	il rendait	rendons
nous rendons	que nous rendions	nous rendions	rendez
ils rendent	qu'ils rendent	ils rendaient	

			Conditionnel
passé simple	**imparfait**	**futur**	**présent**
je rendis	que je rendisse	je rendrai	je rendrais
il rendit	qu'il rendît	il rendra	il rendrait
nous rendîmes	que nous rendissions	nous rendrons	nous rendrions
ils rendirent	qu'ils rendissent	ils rendront	ils rendraient

- Se conjuguent de la même manière les verbes comme **répandre**, **tondre**, **tordre**, **perdre**. Ils gardent tous le **d** du radical : rend-, répand-, tond-, tord-, perd-.

- Les verbes **rompre**, **corrompre** et **interrompre** se conjuguent sur ce modèle, en gardant le **p** du radical, comme *rendre* garde le **d** du radical, MAIS à la 3e personne du singulier du présent, ils prennent un **t** en plus : je romps, il rompt, corrompt, interrompt.

142 Prendre, prenant, pris

● Avec le **d** du radical à l'indicatif présent : **-ds**, **-ds**, **-d**.

Indicatif	Subjonctif	Indicatif	Impératif
présent	**présent**	**imparfait**	**présent**
je pren**ds**	que je prenne	je prenais	prends
il pren**d**	qu'il prenne	il prenait	prenons
nous prenons	que nous prenions	nous prenions	prenez
ils prennent	qu'ils prennent	ils prenaient	

			Conditionnel
passé simple	**imparfait**	**futur**	**présent**
je pris	que je prisse	je prend**rai**	je prend**rais**
il pr**ît**	qu'il pr**ît**	il prendra	il prendrait
nous prîmes	que nous prissions	nous prendrons	nous prendrions
ils prirent	qu'ils prissent	ils prendront	ils prendraient

143 Peindre, peignant, peint

● Sans le **d** du radical à l'indicatif présent : **-s**, **-s**, **-t**.

Indicatif	Subjonctif	Indicatif	Impératif
présent	**présent**	**imparfait**	**présent**
je pein**s**	que je peigne	je peignais	peins
il pein**t**	qu'il peigne	il peignait	peignons
nous peignons	que nous peign**ions***	nous peign**ions***	peignez
ils peignent	qu'ils peignent	ils peignaient	

			Conditionnel
passé simple	**imparfait**	**futur**	**présent**
je peignis	que je peignisse	je peind**rai**	je peind**rais**
il peign**it**	qu'il peign**ît**	il peindra	il peindrait
nous peignîmes	que nous peignissions	nous peindrons	nous peindrions
ils peignirent	qu'ils peignissent	ils peindront	ils peindraient

* Il ne faut pas oublier le **i** à l'indicatif imparfait et au subjonctif présent.

● Se conjuguent de la même manière **craindre**, **joindre**.
Tous les verbes en **-indre** perdent le **d** du radical, sauf au futur et au conditionnel présent.

144 Résoudre, résolvant, résolu

Indicatif	Subjonctif	Indicatif	Impératif
présent je réso**us** il réso**ut** nous résolvons ils résolvent	**présent** que je résolve qu'il résolve que nous résolvions qu'ils résolvent	**imparfait** je résolvais il résolvait nous résolvions ils résolvaient	**présent** résous résolvons résolvez

			Conditionnel
passé simple je résolus il résol**ut** nous résolûmes ils résolurent	**imparfait** que je résolusse qu'il résol**ût** que nous résolussions qu'ils résolussent	**futur** je résoud**rai** il résoudra nous résoudrons ils résoudront	**présent** je résoud**rais** il résoudrait nous résoudrions ils résoudraient

- Se conjuguent ainsi **absoudre** et **dissoudre**, SAUF au participe passé : absous, absoute ; dissous, dissoute. Ces deux verbes sont inusités au passé simple et donc à l'imparfait du subjonctif.

145 Coudre, cousant, cousu

Indicatif	Subjonctif	Indicatif	Impératif
présent je cou**ds** il cou**d** nous cousons ils cousent	**présent** que je couse qu'il couse que nous cousions qu'ils cousent	**imparfait** je cousais il cousait nous cousions ils cousaient	**présent** couds cousons cousez

			Conditionnel
passé simple je cousis il cous**it** nous cousîmes ils cousirent	**imparfait** que je cousisse qu'il cous**ît** que nous cousissions qu'ils cousissent	**futur** je coud**rai** il coudra nous coudrons ils coudront	**présent** je coud**rais** il coudrait nous coudrions ils coudraient

- Le verbe **moudre** qui fait au participe présent **moulant** et au participe passé **moulu** se conjugue sur ce modèle, avec une alternance *moud-/moul-* : je mouds, il moud, nous moulons... SAUF au passé simple, conjugué avec u, et donc à l'imparfait du subjonctif : il moulut, qu'il moulût.

Les verbes en -*re* (4) : -*aître* et -*oître*

3ᵉ groupe

- Les verbes en -*aître* et en -*oître* prennent un *î* devant un *t*.
- Ces verbes font partie des propositions de « Rectifications orthographiques ». ▶ 218

146 Connaître, connaissant, connu

Indicatif	Subjonctif	Indicatif	Impératif
présent	**présent**	**imparfait**	**présent**
je connais	que je connaisse	je connaissais	connais
il connaît	qu'il connaisse	il connaissait	connaissons
nous connaissons	que nous connaissions	nous connaissions	connaissez
ils connaissent	qu'ils connaissent	ils connaissaient	

			Conditionnel
passé simple	**imparfait**	**futur**	**présent**
je connus	que je connusse	je connaîtrai	je connaîtrais
il connut	qu'il connût	il connaîtra	il connaîtrait
nous connûmes	que nous connussions	nous connaîtrons	nous connaîtrions
ils connurent	qu'ils connussent	ils connaîtront	ils connaîtraient

- Se conjuguent ainsi **paraître** et tous les composés des deux verbes : reconnaître, méconnaître, apparaître, comparaître, disparaître, transparaître.

147 Naître, naissant, né

- Avec **î** devant **t**. ▶ 218

Indicatif	Subjonctif	Indicatif	Impératif
présent	**présent**	**imparfait**	**présent**
je nais	que je naisse	je naissais	nais
il naît	qu'il naisse	il naissait	naissons
nous naissons	que nous naissions	nous naissions	naissez
ils naissent	qu'ils naissent	ils naissaient	

			Conditionnel
passé simple	**imparfait**	**futur**	**présent**
je naquis	que je naquisse	je naîtrai	je naîtrais
il naquit	qu'il naquît	il naîtra	il naîtrait
nous naquîmes	q. ns naquissions	nous naîtrons	nous naîtrions
ils naquirent	qu'ils naquissent	ils naîtront	ils naîtraient

148 Accroître, accroissant, accru

- Avec **î** devant **t**. ▶ 218

Indicatif	Subjonctif	Indicatif	Impératif
présent	**présent**	**imparfait**	**présent**
j'accrois	que j'accroisse	j'accroissais	accrois
il accroît	qu'il accroisse	il accroissait	accroissons
nous accroissons	que nous accroissions	nous accroissions	accroissez
ils accroissent	qu'ils accroissent	ils accroissaient	

			Conditionnel
passé simple	**imparfait**	**futur**	**présent**
j'accrus	que j'accrusse	j'accroîtrai	j'accroîtrais
il accrut	qu'il accrût	il accroîtra	il accroîtrait
nous accrûmes	que nous accrussions	nous accroîtrons	nous accroîtrions
ils accrurent	qu'ils accrussent	ils accroîtront	ils accroîtraient

- Se conjuguent ainsi **croître** et **décroître**.

- **Croître** prend en plus un accent circonflexe sur toutes les formes que l'on peut confondre avec celles du verbe *croire*, notamment au passé simple et au subjonctif imparfait : il crût, ils crûrent ; qu'il crût, qu'ils crûssent, et au participe passé : crû.

Les verbes en -re (5) : mettre et battre

3e groupe

147-150

- Ces verbes et tous les verbes en *-mettre* ou en *-battre* font *-ts*, *-ts*, *-t* à l'indicatif présent.
- Attention à ne pas ajouter de *e* muet au conditionnel présent ! On dit et on écrit : *nous mettrions* et non ~~metterions~~.

149 Mettre, mettant, mis

Indicatif	Subjonctif	Indicatif	Impératif
présent	**présent**	**imparfait**	**présent**
je **mets**	que je mette	je mettais	mets
il met	qu'il mette	il mettait	mettons
nous mettons	que nous mettions	nous mettions	mettez
ils mettent	qu'ils mettent	ils mettaient	

			Conditionnel
passé simple	**imparfait**	**futur**	**présent**
je mis	que je misse	je mett**rai**	je mett**rais**
il m**it**	qu'il m**ît**	il mettra	il mettrait
nous m**îmes**	que nous missions	nous mettrons	nous **mettrions**
ils mirent	qu'ils missent	ils mettront	ils mettraient

150 Battre, battant, battu

Indicatif	Subjonctif	Indicatif	Impératif
présent	**présent**	**imparfait**	**présent**
je **bats**	que je batte	je battais	bats
il bat	qu'il batte	il battait	battons
nous battons	que nous battions	nous battions	battez
ils battent	qu'ils battent	ils battaient	

			Conditionnel
passé simple	**imparfait**	**futur**	**présent**
je battis	que je battisse	je batt**rai**	je batt**rais**
il batt**it**	qu'il batt**ît**	il battra	il battrait
nous batt**îmes**	que nous battissions	nous battrons	nous **battrions**
ils battirent	qu'ils battissent	ils battront	ils battraient

Les autres verbes en -*re* (6)

3ᵉ groupe

151 Suivre, suivant, suivi

Indicatif	Subjonctif	Indicatif	Impératif
présent	**présent**	**imparfait**	**présent**
je suis	que je suive	je suivais	suis
il suit	qu'il suive	il suivait	suivons
nous suivons	que nous suivions	nous suivions	suivez
ils suivent	qu'ils suivent	ils suivaient	

			Conditionnel
passé simple	**imparfait**	**futur**	**présent**
je suivis	que je suivisse	je suivrai	je suivrais
il suivit	qu'il suivît	il suivra	il suivrait
nous suivîmes	que nous suivissions	nous suivrons	nous suivrions
ils suivirent	qu'ils suivissent	ils suivront	ils suivraient

● Ainsi se conjugue **poursuivre**.

152 Vivre, vivant, vécu

Indicatif	Subjonctif	Indicatif	Impératif
présent	**présent**	**imparfait**	**présent**
je vis	que je vive	je vivais	vis
il vit	qu'il vive	il vivait	vivons
nous vivons	que nous vivions	nous vivions	vivez
ils vivent	qu'ils vivent	ils vivaient	

			Conditionnel
passé simple	**imparfait**	**futur**	**présent**
je vécus	que je vécusse	je vivrai	je vivrais
il vécut	qu'il vécût	il vivra	il vivrait
nous vécûmes	que nous vécussions	nous vivrons	nous vivrions
ils vécurent	qu'ils vécussent	ils vivront	ils vivraient

● Ainsi se conjuguent **revivre** et **survivre**. Ces trois verbes se conjuguent comme *suivre*, SAUF au participe passé, au passé simple et donc au subjonctif imparfait.

153 Conclure, concluant, conclu

Indicatif	Subjonctif	Indicatif	Impératif
présent	**présent**	**imparfait**	**présent**
je conclus	que je conclue	je concluais	conclus
il conclut	qu'il conclue	il concluait	concluons
nous concluons	que nous concluions	nous concluions	concluez
ils concluent	qu'ils concluent	ils concluaient	

			Conditionnel
passé simple	**imparfait**	**futur**	**présent**
je conclus	que je conclusse	je conclurai	je conclurais
il conclut	qu'il conclût	il conclura*	il conclurait*
nous conclûmes	que nous conclussions	nous conclurons	nous conclurions
ils conclurent	qu'ils conclussent	ils concluront	ils concluraient

* Attention à ne pas ajouter de *e* au futur et au conditionnel présent. On écrit : il conclura et non ~~concluera~~.

- Ainsi se conjuguent **exclure** et **inclure**.
  MAIS le verbe **inclure** fait au participe passé : inclus, incluse.

154 Vaincre, vainquant, vaincu

Indicatif	Subjonctif	Indicatif	Impératif
présent	**présent**	**imparfait**	**présent**
je vaincs	que je vainque	je vainquais	vaincs
il vainc	qu'il vainque	il vainquait	vainquons
nous vainquons	que nous vainquions	nous vainquions	vainquez
ils vainquent	qu'ils vainquent	ils vainquaient	

			Conditionnel
passé simple	**imparfait**	**futur**	**présent**
je vainquis	que je vainquisse	je vaincrai	je vaincrais
il vainquit	qu'il vainquît	il vaincra	il vaincrait
nous vainquîmes	que nous vainquissions	nous vaincrons	nous vaincrions
ils vainquirent	qu'ils vainquissent	ils vaincront	ils vaincraient

- Ainsi se conjugue **convaincre** : il convainc.

L'orthographe d'usage

Les sons et les lettres

- Il y a plusieurs façons d'écrire un son avec une lettre ou un groupe de lettres. Les sons sont présentés ici en alphabet phonétique, entre crochets.

155 Les sons voyelles

Les voyelles orales

Sons	Graphies	Exemples
[a]	a, â, e	patte, gâteau, femme, évidemment
[ɑ]	â	pâte, bâton
[ə]	e	fenêtre
[ø]	eu	feu, bleu
[œ]	eu, œu	peur, cœur
[e]	e, é, ed, er, et, ez	messieurs, étang, pied, chanter, et, chantez, nez
[ɛ]	e, è, ê, et, ai, ei	bec, près, être, buffet, saigner, beignet
[i]	i, î, y	il, île, cygne
[o]	o, ô, au, eau, oa	rose, côte, haut, beau, goal
[ɔ]	o, u (+ m)	or, album
[y]	u, û	mur, mûre
[u]	ou, oû	route, voûte

Les voyelles nasales

Sons	Graphies	Exemples
[ã]	an, am, en, em	an, jambe, entendre, emmener, tempe
[ɛ̃]	in, im, en, ein, ain, aim	tinter, timbrer, examen, plein, main, faim
[œ̃]	un, um	brun, parfum
[ɔ̃]	on, om	ton, tombe, trompe

156 Les consonnes

Sons	Graphies	Exemples
[b]	b	blond
[d]	d	doux
[f]	f, ph	frère, phare
[g]	g, gu	gare, guerre
[ɲ]	gn	agneau
[ʒ]	j, g, ge	je, germe, geôle
[k]	k, c, ch q, qu	kilo, cou, orchestre cinq, quatre
[ʃ]	ch, sh, sch	chat, shampoing, schéma
[l]	l	lampe
[m]	m	mère
[n]	n	nuit
[p]	p	père
[ʀ]	r, rh	rare, rhume
[s]	s, ss c, ç, sc t [+ i] sth	santé, tasse ceci, maçon, science démocratie, nation asthme
[t]	t, th	terre, théâtre
[v]	v, w	ville, wagon
[z]	z, s	zébu, rose

157 Les semi-consonnes ou semi-voyelles

- Les **voyelles** peuvent se prononcer seules et d'un trait de voix.
- Les **semi-consonnes** (ou **semi-voyelles**) sont des sons intermédiaires qui, comme les consonnes, ne peuvent se prononcer qu'associées à une voyelle qui précède ou qui suit.

Sons	Graphies	Exemples
[j]	il, ill	rail, paille
	y, i	yeux, lieu
[w]	w, ou	watt, ouate, ouest, ouistiti
[ɥ]	u	aiguille, huile

Lettres et groupes de lettres particuliers

● À une lettre peuvent correspondre plusieurs sons, selon la lettre à laquelle elle est associée.

158 Une lettre, plusieurs sons

- La lettre **c** se prononce :
  - [k] devant *a, o, u* : carré, coton, cure ;
  - [s] devant *e, i, y* : cela, citer, cygne ;
  - [g] dans : second, secondaire.
- Le groupe **ch** se prononce :
  - [ʃ] : chant, cheval, chirurgien, chose, chute ;
  - [k] : archaïque, archéologie, chiromancie, chorale.
- La lettre **g** se prononce :
  - [g] devant *a, o, u* : gare, goût, lagune ;
  - [ʒ] devant *e, i, y* : génie, gilet, gyrophare.
- La lettre **s** se prononce :
  - [z] presque toujours entre deux voyelles : rose, grise ;
  - [s] au début du mot : sale ;
    devant une consonne : caste ;
    quand elle est doublée : tasse.
- La lettre **t** se prononce :
  - [t] : tante, jeton, amnistie ;
  - [s] : mention, démocratie, nuptial.
- Le suffixe **tie** se prononce :
  - [ti] après un *s* : modestie, amnistie ;
  - [si] après une voyelle ou une autre consonne : acrobatie, idiotie, ineptie.
- La lettre **x** se prononce :
  - [ks] : lynx, extérieur ;
  - [gz] : examen, exiger ;
  - [s] en finale dans : six, dix, coccyx.

Les lettres muettes

- Une lettre muette est une lettre qui ne se prononce pas.
  Ainsi le **h** dans : une <u>h</u>istoire, un t<u>h</u>éâtre ;
  ou le **s** du pluriel : une carte → deux carte<u>s</u>.
- Une lettre muette peut modifier la prononciation
  de la lettre qui précède : ainsi le **e** se prononce [e] quand
  il est suivi des lettres muettes *r*, *d*, *z* : chant<u>er</u>, pi<u>ed</u>, n<u>ez</u>.

159 Le *e* muet

Dans la conjugaison de certains verbes

- Au futur et au conditionnel présent, le **e** des verbes en **-éer**, **-ier**, **-uer**, ou des verbes en **-yer**, est muet.

  il créera, il créerait
  je copierai, je copierais
  nous jouerons, nous jouerions
  il se noiera, il se noierait
  j'essuierai, j'essuierais

- Il ne faut pas ajouter de **e** au futur et au conditionnel présent des verbes comme *conclure* ou *mettre*.

  On écrit : il conclura et non ~~concluera~~.

  On dit et on écrit : vous mettriez et non ~~metteriez~~.

Dans les mots dérivés de ces verbes

- On écrit avec un **e** muet les noms en **-ment** dérivés de ces verbes.

  remanier → remaniement
  dénouer → dénouement
  aboyer → aboiement

160 Le *m* et le *p* au milieu d'un mot

- Le **m** dans le groupe **mn** ne se prononce pas dans les mots suivants et dans leurs dérivés : auto**mn**e, da**mn**er, conda**mn**er.
  Il se prononce dans les autres cas : a**mn**istie, inde**mn**iser...

- Le **p** dans le groupe **pt** ne se prononce pas dans les mots suivants : ba**pt**iser, com**pt**er, scul**pt**er, se**pt**.
  Il se prononce dans les autres cas : ado**pt**er, ca**pt**er...

161 Les consonnes à la fin d'un mot

- La plupart des consonnes peuvent être muettes à la fin d'un mot.

b : plom**b**	**c** : blan**c**	**d** : pie**d**
f : cle**f**	**g** : ran**g**	**l** : fusi**l**
p : galo**p**	**r** : lége**r**	**s** : fraca**s**
t : hau**t**	**x** : affreu**x**	**z** : ne**z**

- Dans de nombreux cas, on peut, grâce à un féminin ou à un mot de la même famille, retrouver cette consonne muette.
  ran**g**/ran**g**ée ; galo**p**/galo**p**er ; pie**d**/pé**d**estre ; fraca**s**/fraca**ss**er ; hau**t**/hau**t**e ; affreu**x**/affreu**s**e ; lége**r**/légè**r**e ; fusi**l**/fusi**ll**er

Les groupes de lettres pièges : -*endre* ou -*andre* ? -*euil* ou -*ueil* ?...

- On a souvent une hésitation lorsqu'il s'agit d'écrire certains groupes de lettres qui se prononcent de la même façon.
- Pour certains, seul le recours au dictionnaire permet d'apporter une réponse. Toutefois, la connaissance de quelques régularités lève les difficultés les plus fréquentes.

162 -*endre* ou -*andre* ?

- Tous les verbes qui se terminent par ce même son [ɑ̃dʀ] s'écrivent avec **-endre** : v**endre**, t**endre**, déf**endre**...
  SAUF rép**andre** et ép**andre**.

163 -*euil* ou -*ueil* ?

- On écrit **-euil** : écur**euil**, tr**euil**, f**euille** (féminin en **-euille**)
  SAUF après un *c* ou un *g*, où on écrit **-ueil** : acc**ueil**, acc**ueillir**, org**ueil**, org**ueilleux**...

164 -*iller* ou -*illier* ?

- On écrit avec **-illier** les mots gros**eillier**, jo**aillier**, quinc**aillier**, van**illier** (Voir « Rectifications orthographiques » ▶ 220).
- Tous les autres mots s'écrivent avec **-iller** : cons**eiller**, barbo**uiller**, pou**lailler**...

165 -*oin* ou -*ouin* ?

- Tous les mots comportant ce même son [wɛ̃] s'écrivent avec **-oin** : l**oin**, c**oin**, c**oin**cer... SAUF quelques mots comme : bab**ouin**, béd**ouin**, chaf**ouin**, mars**ouin**, ping**ouin**, sag**ouin**.

Les fins de mots difficiles :
-*oir* ou -*oire* ? -*té* ou -*tée* ? -*é* ou -*ée* ?

● **Des noms masculins en -*ée*, des noms féminins en -*é*, en -*u*, c'est souvent sur la terminaison des mots que les erreurs sont les plus fréquentes.**

166 Noms en -*oir* ou en -*oire* ?

- Tous les **noms féminins** s'écrivent avec **-oire** :
  balançoire, baignoire, échappatoire...
- Presque tous les **noms masculins** s'écrivent avec **-oir** :
  bavoir, trottoir, devoir...
  SAUF quelques mots qui s'écrivent avec **-oire** comme :
  auditoire, conservatoire, interrogatoire, observatoire, réfectoire...

167 Noms féminins en -*té* ou en -*tée* ?

- Les **noms féminins** s'écrivent avec **-té**, sans *e* à la fin :
  qualité, variété, principauté, quantité...
  SAUF quelques mots comme : butée, dictée, jetée, montée, pâtée, portée, ou des mots qui indiquent un contenu :
  une assiettée, une platée, une brouettée.

168 Noms masculins en -*ée*

- Quelques **noms masculins** se terminent par **-ée**, dont :
  apogée, caducée, camée, lycée, mausolée, musée, pygmée, scarabée, trophée.

169 Noms féminins en -*ue* ou en -*u* ?

- Tous les **noms féminins** terminés par le son [y] s'écrivent avec **-ue** :
  rue, vue, crue, décrue, étendue…
  SAUF quatre mots : bru, glu, tribu et vertu.

170 Adjectifs en -*il* ou en -*ile* ?

- Tous les **adjectifs masculins** qui se terminent par le son [il] s'écrivent avec **-ile** :
  habile, infantile, servile, stérile…
  SAUF six mots : civil, puéril, subtil, vil, viril et volatil.

171 Mots en -*ein* et en -*aim*

- Seuls sept mots s'écrivent avec **-ein** :
  frein, dessein [= but], hein, rein, sein, serein et plein.
- Seuls trois mots s'écrivent avec **-aim** :
  faim, daim et essaim.

172 Mots en -*aon*

- Seuls trois mots qui se terminent par le son [ã] s'écrivent avec **-aon** :
  faon, paon et taon.

Consonne simple ou consonne double ?

- Le plus souvent, il est difficile de savoir si une lettre est simple ou double : il faut mémoriser le mot et son image. Dans quelques cas cependant, on peut facilement retenir certaines régularités et exceptions.

173 Avec *n* ou *nn* ?

- Les **mots terminés par le son** [an], comme le mot *âne*, s'écrivent avec un seul **n**.
  cane (l'animal), banane, douane, diaphane, partisane...
  SAUF paysanne, canne (l'objet), manne, panne, vanne.

- Les **dérivés des mots en -on** ont un seul **n** ou **nn** selon les cas.
  - Les verbes en **-er** s'écrivent avec **nn** :
    patron → patronner   fonction → fonctionner
    SAUF le verbe s'époumoner, formé sur poumon.
  - Les mots en **-al** (et leurs dérivés) s'écrivent avec un seul **n** :
    national, patronal, régional, régionalisme...
    SAUF confessionnal.
  - Les mots en **-el** s'écrivent tous avec **nn**.
    professionnel, fonctionnel, relationnel...
  - Les mots en **-iste** s'écrivent avec **nn** :
    projectionniste, réceptionniste...
    SAUF quelques mots comme : accordéoniste et violoniste.

174 Avec *l* ou *ll* ?

- Avec **-ole** ou **-olle** ?
  Les noms féminins terminés par le son [ɔl] s'écrivent avec un seul **l** :
  casserole, auréole, rougeole, coupole, école...
  SAUF barcarolle, colle, corolle, fumerolle et girolle.

- Avec **-ule** ou **-ulle** ?
  Les mots terminés par le son [yl] s'écrivent avec un seul l :
  tentacule, crédule, ridicule, édicule…
  SAUF bulle, tulle et l'adjectif féminin nulle.

175 Au début des mots

- Les mots qui commencent par **af-** prennent tous **ff** :
  affaire, affiche, affront, affût…
  SAUF afin, afghan, africain et quelques mots étrangers.

- Les mots qui commencent par **ef-** ou **of-** prennent tous **ff** :
  effet, effriter, offense, offrir, offusquer…

176 Avec *t* ou *tt* ?

- Avec **-ote** ou **-otte** ?

  • Les noms et adjectifs masculins en **-ot** font leur féminin en -ote : bigote, dévote, idiote, petiote…
  ou en -otte : boulotte, maigriotte, pâlotte, vieillotte…

  • Les noms féminins s'écrivent avec -ote : belote, camelote, capote, compote, échalote, jugeote, pelote…
  SAUF biscotte, bouillotte, cagnotte, calotte, carotte, cocotte, culotte, mascotte, roulotte…

- Avec **-oter** ou **-otter** ?
  Les verbes s'écrivent avec un seul **t** : comploter, chipoter, dorloter, gigoter, siffloter, sangloter…
  SAUF ballotter, boulotter, boycotter, frotter, frisotter, garotter, grelotter, trotter ;
  et bien sûr tous les verbes formés sur les noms en -otte :
  botter, culotter, flotter…

Erreurs de prononciation, erreurs d'orthographe

177 Les confusions courantes à éviter

On dit	On ne dit pas
aéroport	aréoport [aér-, comme dans aérien]
caparaçonné	carapaçonné [caparaçon et non carapace]
dégingandé	déguingandé [on prononce avec j-]
dilemme	dilemne [rien à voir avec indemne]
etc.	ect. [et cetera et non ekcetéra]
filigrane	filigramme [vient d'un mot italien]
fruste	frustre [ne pas confondre avec rustre]
infarctus	infractus
maligne	maline [féminin de malin comme bénin, bénigne]
mnémotechnique	mémotechnique [mnémo, comme dans amnésie]
obnubilé	omnibulé, omnubilé [rien à voir avec omni, « tous »]
opprobre	opprobe
pécuniaire	pécunier
rémunérer	rénumérer [avec m puis n, comme dans monnaie]

178 Les liaisons dangereuses

Avec les nombres

- Les adjectifs numéraux cardinaux sont invariables, à l'exception de *quatre-vingts* et *cent* (quand ils ne sont suivis d'aucun autre nombre ▶ 48). Il n'y a donc aucune raison de rajouter des [z] de liaison avec quatre, mille et une, cent...

  On doit donc dire :

  cent [t] euros comme on dit cent [t] ans

  vingt [t] euros comme on dit vingt [t] ans

Avec les participes passés

- Généralement, après un participe passé, la liaison ne se fait pas :

  Je les ai vus | entrer.

  Il n'y a donc aucune raison de faire entendre un [t] dans :

  Olga, je l'ai fait | entrer.

Avec *on*

- Dans une phrase négative, il ne faut pas oublier le **n'** qu'on n'entend pas à cause de la liaison :

  On **n'**entend pas.

L'accent aigu et l'accent grave

● **L'accent est un signe qui se place sur une voyelle et qui peut en modifier la prononciation. Dans certains cas, l'accent permet de distinguer des homonymes.**

179 L'accent aigu (´)

- **L'accent aigu se place sur la voyelle *e*** qui se prononce alors [é] fermé comme dans :
  une église, un éléphant, le passé

- **Il n'y a jamais d'accent aigu** devant les lettres finales **d, f, z**, ou devant le **r** de l'infinitif.
  un pied, une clef, un nez, le rez-de-chaussée, chanter, vous chantez

- **Il y a toujours un accent aigu** sur le *e* du participe passé des verbes en **-er**.
  j'ai chanté, je suis allé, j'ai aimé

180 L'accent grave (`)

- L'accent grave se place :
  ● sur le **e**, qui se prononce alors [è] ouvert à la fin d'une syllabe ou devant un **s** final : une mère, un procès ;
  ● sur le **a** dans des mots invariables comme : deçà, delà, déjà, voilà, holà…

- Sur le **a** ou sur le **u**, l'accent grave permet de distinguer des homonymes.
  çà [adverbe de lieu] et ça [pronom]
  à [préposition] et a [du verbe *avoir*]
  où [pronom relatif ou adverbe de lieu] et ou [conjonction = ou bien]
  là [adverbe de lieu] et la [article ou pronom]

181 Accent aigu ou accent grave ?

- Dans certains mots, le **é** se prononce [è] ouvert. On admet aujourd'hui les deux orthographes :
  événement ou évènement
  allégement ou allègement

- Il en est de même pour la conjugaison des verbes du type **céder**. Au futur et au conditionnel présent, on admet les formes avec l'accent grave conformes à la prononciation actuelle :
  il cédera ou il cèdera, il céderait ou il cèderait. ▶ 218

L'accent circonflexe

● L'accent circonflexe se place sur les voyelles *a, e, i, o, u* de certains mots.

182 â, î, û dans quelques formes verbales

On écrit avec un circonflexe :

- Le **î** devant le **-t** des verbes en **-aître** et en **-oître** comme paraître, connaître, naître, etc., ou croître, décroître, accroître.
  Il paraît que la température décroît.
  Le **î** devant un **-t** dans les verbes plaire, déplaire et se complaire.
  S'il vous plaît.
  Les « Rectifications orthographiques » proposent la suppression de l'accent sur le *i* pour tous ces verbes, sauf quand il y a un risque de confusion avec un autre verbe :
  il croît [du verbe *croître*] ≠ il croit [du verbe *croire*]. ▶ 218

- Le **â**, le **î** et le **û** des terminaisons -âmes, -îmes, -ûmes ; -âtes, -îtes, -ûtes (1ʳᵉ et 2ᵉ personnes du pluriel) du passé simple.
  nous allâmes, vous fîtes, nous eûmes, vous fûtes

- Le **â**, le **î** et le **û** des terminaisons -ât, -ît, -ût du subjonctif imparfait (3ᵉ personne du singulier), ce qui peut permettre de distinguer cette forme de celle du passé simple (3ᵉ personne du singulier).

Passé simple	Subjonctif imparfait
il eut, il fut	qu'il eût, qu'il fût
il aima	qu'il aimât
il finit, il vint	qu'il finît, qu'il vînt

- Le **û** des participes passés **dû** et **crû** des verbes *devoir* et *croître*, mais uniquement au masculin singulier, pour distinguer ces participes de l'article **du** et du participe **cru** du verbe *croire*.

183 â, ê, ô, û pour distinguer des homonymes

On écrit avec un circonflexe :

- Le **â**, le **ê**, le **ô**, le **û** de certains mots.

  tâche [travail]   ≠ tache [salissure]
  mûr [maturité]   ≠ mur [cloison]
  sûr [certain]   ≠ sur [préposition]
  pêcher [la pêche]   ≠ pécher [le péché]
  côte [os, pente]   ≠ cote [note, cotation]
  jeûne [ne pas manger]   ≠ jeune [peu âgé]

- Le **ô** des pronoms possessifs **nôtre** et **vôtre** pour les distinguer des déterminants (ou adjectifs) possessifs **notre** et **votre**. Pour savoir s'il s'agit de l'un ou de l'autre, il suffit de mettre le possessif au pluriel.

	Adjectif	Pronom
Singulier	C'est **notre** livre.	C'est le **nôtre**.
Pluriel	Ce sont **nos** livres.	Ce sont les **nôtres**.

184 Avec ou sans accent : les erreurs les plus fréquentes

- On écrit **-âtre** ou **-iatre** ?

  • On écrit **-âtre**, avec un circonflexe, la terminaison à valeur péjorative de certains noms ou adjectifs : marâtre, acariâtre, de même que les dérivés d'adjectifs de couleur comme rougeâtre, blanchâtre...

  • On écrit **-iatre**, sans circonflexe, les noms de médecins spécialistes comme pédiatre, psychiatre, gériatre.
  Le nez du psychiatre est rosâtre.

- On écrit **-ôme** ou **-ome** ?

  • On écrit avec **-ôme** : arôme, binôme, bôme (n.f.), diplôme, dôme, fantôme, môme, polynôme, symptôme, trinôme.

- Les autres mots s'écrivent sans circonflexe :
aérodrome, chrome, axiome...

● On écrit **-ôse** ou **-ose** ?

- Seuls s'écrivent avec **-ôse** les noms de mois du calendrier républicain : nivôse, pluviôse, ventôse.

- On écrit sans circonflexe tous les autres mots :
arthrose, fructose, hypnose, névrose, psychose...

● **À l'intérieur d'une même famille ?**
Les mots d'une même famille peuvent ne pas tous porter l'accent.

Avec accent	Sans accent
arôme	aromate, aromatiser, aromatique
cône	conique, conifère
côte, côtier	coteau
jeûner	déjeuner
fantôme	fantomatique
fût [d'un arbre]	futaie
grâce, disgrâce	gracieux, gracier, disgracieux
infâme	infamie
pâtir	compatir, compatissant
pôle	polaire
râteau	ratisser
symptôme	symptomatique
trône, trôner	introniser

● **Avec des mots qui se ressemblent**
Certains mots qui se ressemblent peuvent induire en erreur.

Avec accent	Sans accent
boîte	il boite
carême	barème
château, gâteau, râteau	bateau
cône	clone
crû [de *croître*]	cru [d'un vin]
épître [lettre]	pupitre, chapitre
symptôme	syndrome
traîner	drainer

La cédille et le tréma

185 La cédille

- La cédille se place sous la lettre **c** devant *a*, *o*, *u*, pour indiquer le son [s].
  ça, en deçà, un maçon, le français

- Les verbes en **-cer** prennent donc un **ç** devant les lettres *a* et *o*.
  Il avance [avec *c*], mais il avançait, nous avançons [avec *ç*].

- Les verbes en **-cevoir** prennent donc un **ç** devant les lettres *o* et *u*.
  Vous me décevez [avec *c*], mais il me déçoit, il m'a déçu [avec *ç*].

186 Le tréma (¨)

- Le tréma se place sur le **i**, le **u**, ou le **e** pour indiquer que la **voyelle qui précède** doit être prononcée séparément.
  héroïne, Saül, Noël

  Le tréma permet en particulier de différencier :
  - le **-ai-** (de paire)   du **-a | ï-** (de haïr)
  - le **-oi-** (de roi)   du **-o | ï-** (de héroïne)
  - le **-oin-** (de coincer)   du **-o | ïn-** (de coïncider)
  - le **-gue** (de algue)   du **-gu | ë** (de aiguë)

  Dans le cas de aiguë (ambiguë…), les « Rectifications orthographiques » proposent de déplacer le tréma sur le *u*. ▶ 218

Le trait d'union

187 L'emploi du trait d'union

- Le trait d'union permet de **former les mots composés**.
  un sous-titre, un presse-citron, un je-ne-sais-quoi

- On met un trait d'union entre deux mots pour **indiquer une relation**.
  un billet Paris-Marseille
  un bon rapport qualité-prix
  les relations franco-américaines

- Dans l'**écriture des nombres**, le trait d'union s'emploie après les dizaines, sauf quand on emploie *et* :
  vingt-deux, MAIS vingt et un.

  Les « Rectifications orthographiques » préconisent l'emploi systématique du trait d'union : vingt-et-un   deux-cent-trois

- On met un trait d'union **entre le verbe et le pronom** quand il y a inversion du sujet : Viendrez-vous ?
  ainsi que de part et d'autre du **t de liaison** quand le verbe se termine en **e** ou **a** : Viendra-t-il ? A-t-elle froid ?
  Va-t-il bien ? Aime-t-il les champignons ?

- On met un trait d'union **entre le verbe et le pronom** après un impératif.
  Donne-le-moi.

- On met un trait d'union avec les **particules** *ci* et *là*.
  ces jours-ci   ce jour-là

- On met un trait d'union devant l'adjectif **même** quand il renforce un pronom :
  vous-même   eux-mêmes

  MAIS jamais dans les autres cas :
  ici même   le jour même

L'apostrophe et le phénomène de l'élision

188 L'élision

- **L'apostrophe** remplace la voyelle finale de certains mots grammaticaux lorsqu'ils précèdent un mot commençant par une voyelle ou un *h* muet : ce phénomène s'appelle l'élision.
  le + éléphant → l'éléphant

- **L'élision** ne se fait pas devant un *h* aspiré : la haine.

189 Les mots qui s'élident

- **le**, **la**, **je**, **me**, **te**, **se**, **ne**, **de**, **ce** et **que** s'élident devant une voyelle ou un *h* muet.
  l'histoire [= la] ; l'hôpital [= le] ; j'ai faim [= je]
  s'endormir [= se] ; c'est [= ce] ; qu'il vienne [= que]

- **puisque** s'élide toujours devant *il, elle, en, on, un, une* :
  puisqu'il le faut
  et de manière facultative devant une autre voyelle ou un *h* muet :
  puisqu'autrefois ou puisque autrefois

- **lorsque** ne s'élide que devant *il, elle, en, on, un, une* :
  lorsqu'ils viendront ; lorsque arrivent les vacances

- **presque** ne s'élide jamais, sauf dans le mot presqu'île :
  On était presque arrivés.

- **si** s'élide devant *il* :
  S'ils le disent...

- Certains mots du vocabulaire comportent une apostrophe. Ils sont peu nombreux :
  aujourd'hui, prud'hommes, presqu'île, quelqu'un

Avec ou sans majuscule ?

190 On met une majuscule

- Au début d'une phrase : La pluie tombe.
- À l'initiale des **noms propres** :
  Marie Durand ; habiter en France ; la planète Terre
  et de certains noms communs quand ils sont employés comme des noms propres :
  le Créateur
  vivre dans le Midi (= la région)
  la Révolution française, l'Antiquité (= évènement ou période historique)
  le journal *Le Monde* (= titre d'œuvre ou de publication)
- À certains noms employés comme **titres** :
  Votre Altesse ; cher Monsieur ; merci Docteur
  MAIS on écrit sans majuscule : une altesse royale ; monsieur votre père ; un docteur en médecine.

191 On ne met pas de majuscule

- Aux adjectifs qui correspondent aux noms d'habitants ou de peuples : Il est français.
- Aux noms de langues : le français, l'anglais.
- Aux noms de jours et de mois, sauf s'il s'agit d'une date historique : le 5 août, mardi 5 août MAIS fêter le 14 Juillet
- Aux termes génériques de géographie (*océan, mer, mont, golfe*...) :
  l'océan Atlantique, le mont Blanc, le lac Léman, l'île de Ré...
  SAUF s'ils font partie intégrante du nom propre :
  le massif du Mont-Blanc, Golfe-Juan, l'Île-de-France...

192 Les points cardinaux : avec ou sans majuscule ?

- Les points cardinaux s'écrivent avec une **minuscule** pour indiquer l'orientation, la direction.
  une terrasse au sud, la face nord
  vers l'ouest, des vents d'est
- On met une **majuscule** pour désigner une région, un lieu géographique et dans les noms propres.
  une maison dans le Sud
  le pôle Nord
  l'Amérique du Nord

193 Les noms d'habitants, de peuples, de religions : avec ou sans majuscule ?

- On écrit avec une **majuscule** les noms d'habitants, de nationalités ou de peuples :
  un Parisien, un Français, un Sioux

  MAIS pas l'adjectif correspondant : Il est français, il est parisien.
- On écrit **sans majuscule** les noms des religions et de ceux qui les professent.
  le christianisme, le judaïsme, l'islam
  un chrétien, un juif, un musulman

Les signes de ponctuation

● Les signes de ponctuation permettent de rendre compte à l'écrit des intonations, des pauses et du rythme des phrases dites à l'oral.

194 Les principaux points

- Le **point (.)** termine une phrase.
- Le **point d'interrogation (?)** termine une phrase interrogative.
  Vient-il ? Est-ce qu'il vient ?
- Le **point d'exclamation (!)** termine une phrase exclamative :
  Quel beau temps !

  ou s'emploie après une interjection :

  Eh bien ! je t'attends.

195 La virgule (,)

- La virgule correspond à une **pause légère à l'oral**.
  - Elle sépare les éléments d'une énumération (mots juxtaposés).

  Il y avait des pommes, des poires, des raisins et des fruits secs.

  - Elle suit un complément déplacé en tête de phrase, un élément mis en relief en tête de phrase, un mot mis en apostrophe.

  L'an dernier, nous sommes allés…
  Lui, il n'ira pas.
  Alex, reviens !
- **On encadre avec deux virgules** une précision ou une explication.
  Claire, sa mère, était…
  Je viendrai, je vous l'assure, demain.
  Son père, qui était un homme sage, lui a dit que…

- **On met une virgule avant** certains mots qui introduisent une restriction ou une explication.
  Il fait beau, **mais** (néanmoins, cependant, toutefois...) il y a des nuages.
  Il veut des cadeaux, **par exemple** (à savoir, en particulier...) des livres.

- **On met une virgule après** des mots comme : en outre, bref, premièrement, en conclusion...

- **On ne sépare jamais par une virgule simple le verbe de son sujet ou de son complément.** On écrira donc :
  Les **fleurs** que j'ai cueillies **sont** belles [sans virgule].
  J'ai **bu** ce soir avec des amis du **champagne** [sans virgule].
  J'ai **bu**, ce soir avec des amis, du **champagne** [avec deux virgules].

  MAIS jamais :
  Les fleurs que j'ai cueillies, sont belles.
  J'ai bu ce soir avec des amis, du champagne.

196 Le point-virgule (;)

- Le **point-virgule**, moins fort que le point, **permet d'unir** des phrases complètes qu'on veut associer logiquement.
  Les enfants l'adoraient ; elle le méritait.

- Le **point-virgule**, plus fort que la virgule, **permet de séparer** des parties assez longues d'une phrase, surtout quand elles sont déjà ponctuées par des virgules.
  Un enfant peut être intelligent, astucieux, en avance ; ce n'est jamais qu'un enfant.

Familles de mots et orthographe

● On appelle le plus souvent « famille de mots » un ensemble de mots ayant le même radical ou le même mot de base. Ainsi, *fabriquer*, *fabrication*, *fabricant*, *fabrique* sont de la même famille. De même, *neiger*, *neigeux*, *déneiger* sont de la famille du mot *neige*.

197 Les familles unies

Le plus souvent, le radical reste inchangé et les mots d'une même famille sont formés par l'addition de suffixes ou de préfixes.

- Addition de **suffixes** (à la fin du radical) :
  affiche → afficher → affichage → affichiste
  décor → décorer → décorateur → décoratif…

  Quelquefois, la terminaison du mot de base est modifiée :
  fabriquer → fabrication
  conjuguer → conjugaison

- Addition de **préfixes** (devant le mot de base) :
  auteur → coauteur
  fin → extrafin
  faire → défaire, refaire

  Pour les préfixes entraînant des difficultés ▶ 200-204.

198 Les familles désaccordées

Il peut arriver que le radical ou « mot de base » ait une orthographe différente du reste des mots de la famille, ce qui constitue une anomalie à connaître. ▶ 220

- Parfois, la consonne est simple ou double pour les mots d'une même famille :
  imbécile avec un l, MAIS imbécillité avec ll

combattre, combattant avec **tt**, MAIS combatif, combativité avec un seul **t**

siffler, sifflet, siffleur avec **ff** MAIS persifler avec un seul **f**

bonhomme avec **mm**, MAIS bonhomie avec un seul **m**

charrette, charrue avec **rr**, MAIS chariot avec un seul **r**

- Parfois, l'accent circonflexe disparaît pour les mots d'une même famille :

symptôme avec un accent

MAIS symptomatique sans accent ▶ 184

199 Participes présents et dérivés de verbes

Participe présent et adjectif verbal

Quelquefois, l'adjectif verbal et le participe présent n'ont pas la même orthographe tout en ayant la même prononciation.

- Verbes en *-ger*, *-guer*, *-quer*

Verbe	Participe présent	Adjectif verbal
diverger	divergeant	divergent
négliger	négligeant	négligent
fatiguer	fatiguant	fatigant
naviguer	naviguant	navigant
communiquer	communiquant	communicant
suffoquer	suffoquant	suffocant

- Autres verbes

Verbe	Participe présent	Adjectif verbal
adhérer	adhérant	adhérent
équivaloir	équivalant	équivalent
influer	influant	influent
résider	résidant	résident

Noms dérivés

- Les noms dérivés suivent l'orthographe de l'adjectif verbal.

Participe présent	Adjectif verbal	Nom
divergeant	divergent	divergence
naviguant	navigant	navigation
suffoquant	suffocant	suffocation
adhérant	adhérent	adhérence

Les préfixes pièges : *a-*, *dé-*, *dis-*, *in-*, *ré-*...

200 Le préfixe *a-*

- Ce préfixe indique l'absence. Il se joint à un mot de base sans jamais en modifier l'orthographe.
  moral → **a**moral
  symétrie → **a**symétrie [avec un seul *s* ; ne pas confondre avec *dis-*, *dys-*]

201 Le préfixe *dé-* : *dé-*, *dés-* ou *des-* ?

Ce préfixe indique une action contraire, opposée.

- On écrit **dé-** devant une consonne.
  défaire, **dé**maquiller
- On écrit **dés-** devant une voyelle ou un *h* muet.
  désinfecter, **dés**habiller
- On écrit **des-** devant un *s* suivi d'une voyelle. Le mot formé s'écrit alors avec **ss** : **des**servir, **des**serrer.
  MAIS les mots récents ou nouveaux se forment avec **dé-** :
  désensibiliser, **dé**solidariser

202 Les préfixes *dis-* et *dys-*

- **dis-** indique la différence, l'absence.
  disproportion, **dis**qualifier, **dis**semblable*, **dis**symétrie*
  * Devant un mot de base commençant par *s*, le mot formé s'écrit avec **ss**.
- **dys-** signifie « mauvais, difficile ».
  dysfonctionnement, **dys**lexie

203 Les préfixes négatifs *il-*, *im-*, *in-*, *ir-*

- On emploie **il-** devant un mot commençant par **l**.
  Le mot formé s'écrit alors avec **ll**.
  illogique, **ill**imité

- On emploie **im-** devant un mot commençant par *m, b, p*.
  immature, **im**buvable, **im**possible

- On emploie **in-** devant une voyelle, un *h* muet ou une consonne autre que *b, m, p*.
  inefficace, **in**habituel, **in**classable

- On emploie **ir-** devant un mot commençant par *r*.
  Le mot formé s'écrit alors avec **rr**.
  irréel, **irr**éalisable

- Les mots récents ont tendance à garder le **in-**, même devant *l* ou *r*.
  inratable, **in**logeable.

204 Le préfixe *re-* : *re-*, *ré-*, *r-* ou *res-* ?

- On emploie **ré-** ou **r-** devant une voyelle ou un *h* muet.
  réorganiser, **ré**habiliter, **r**ouvrir, **r**habiller
  Quelquefois, on trouve les deux possibilités : **r**écrire ou **ré**écrire.

- On écrit **re-** devant une consonne ou un *h* aspiré :
  recommencer, **re**hausser.
  - Devant **s + consonne**, on écrit **re-** : **re**structurer.
  - Devant **s + voyelle**, on écrit **res-** en doublant le *s* :
  ressortir, **res**saigner, **res**saisir, **res**sauter, **res**serrer ;
  ou **re-**, sans doubler le *s* : **re**saler.
  Certains mots peuvent s'écrire des deux manières :
  resurgir ou **res**surgir.

Les adverbes en -*ment*

● **La plupart des adverbes en -*amment*, -*emment* ou -*ment* se forment à partir de l'adjectif.**

205 L'adverbe en -*amment* ou en -*emment*

● Toujours prononcé avec -*a*-, cet adverbe se forme à partir du masculin de l'adjectif en -*ant* ou en -*ent*.

Adjectif en -*ant* → -*amment*	Adjectif en -*ent* → -*emment*
bruyant → bruyamment	différent → différemment
brillant → brillamment	prudent → prudemment
courant → couramment	violent → violemment

206 Les autres adverbes en -*ment*

Ils se forment le plus souvent à partir du féminin de l'adjectif.

● L'adjectif a la même forme au masculin et au féminin : on ajoute **-ment**.

logique → logiquement
propre → proprement

MAIS le **e** peut prendre l'accent aigu :

aveugle → aveuglément
intense → intensément

● L'adjectif n'a pas la même forme au masculin et au féminin : on ajoute **-ment** au féminin.

fier → fière → fièrement
vif → vive → vivement
grand → grande → grandement
doux → douce → doucement
lent → lente → lentement
fou → folle → follement

- L'adjectif masculin se termine par *é*, *i* ou *u* : on ajoute **-ment**.
  aisé → aisément
  poli → poliment
  vrai → vraiment
  absolu → absolument

  MAIS il existe des exceptions :
  gai → gaiement
  assidu → assidûment
  cru → crûment

  (L'accent circonflexe marque la chute du *e* du féminin.
  Les Rectifications orthographiques proposent la suppression de l'accent circonflexe sur le *u*. ▶ 218)

- Certains adverbes en **-ment** sont dérivés d'adjectifs aujourd'hui disparus ou formés sur des radicaux différents.
  notamment, précipitamment, sciemment, brièvement…

  Seul le dictionnaire peut alors lever la difficulté.

Quelques racines grecques et latines

207 Les racines les plus courantes

La connaissance de ces éléments de formation des mots permettra d'éviter nombre de fautes d'orthographe.

Éléments	Sens	Exemples
aér(o)	air	aérodrome
agr(o)	champ	agriculture
anthrop(o)	être humain	anthropologie
aqua	eau	aquarium
arché(o)	très ancien	archéologie
arthr(o)	articulation	arthrose
biblio	livre	bibliothèque
cardio	cœur	cardiologie
chrom(o)	couleur	polychrome
chron(o)	temps	chronologie
cide	qui tue	insecticide
cratie	pouvoir	démocratie
cycl(o)	cercle	bicyclette
drome	piste de course	hippodrome
dynam(o)	force	dynamique
fère	qui porte	mammifère
game	mariage	polygame
gastro	estomac	gastrologie
gène	qui crée	allergène
gone	angle	polygone
graph(o)	écrire	orthographe
gyne	femme	misogyne
hémo	sang	hémorragie
hétér(o)	autre	hétérogène
hipp(o)	cheval	hippodrome
hom(o)	semblable	homonyme
hydr(o)	eau	hydravion
hyper	élevé, grand	hypertension

Éléments	Sens	Exemples
hypn(o)	sommeil	hypnose
hyp(o)	dessous	hypotension
iatre	médecin	pédiatre
kine	mouvement	kinésithérapeute
litho	pierre	lithographie
morph(o)	forme	morphologie
myth(o)	fable, légende	mythologie
omni	tout	omnivore
onyme	nom	homonyme
paléo	ancien	paléontologie
path(o)	maladie	psychopathe
phil(o)	qui aime	philanthrope
phobe	qui craint, déteste	claustrophobe
poly	plusieurs	polygone
psych(o)	esprit	psychologie
rhino	nez	rhinocéros
scope	examiner	télescope
théo	dieu	théologie
thèque	lieu de rangement	bibliothèque
thérap(ie)	cure, soin	psychothérapie
therm(o)	chaleur	thermomètre
typo	marque, caractère	typographie
vore	qui mange	omnivore
xéno	étranger	xénophobe
zoo	animal	zoologie

Les abréviations

- Il existe plusieurs types d'abréviations.
- Certaines d'entre elles permettent de former de nouveaux mots :
  CGT → cégétiste ; SMIC → smicard…

208 L'abréviation uniquement écrite d'un mot

- On écrit une ou plusieurs lettres, mais on prononce le mot entier.

  M. pour monsieur
  p. pour page

- L'abréviation est suivie d'un point abréviatif, sauf quand la dernière lettre de l'abréviation est aussi la dernière lettre du mot abrégé.

  av. pour avenue
  bd pour boulevard

- Au pluriel, il peut exister des formes spécifiques.

  MM. pour messieurs
  pp. pour pages

209 Les symboles et unités de mesure

- Les symboles abrégeant des unités de mesure ou des unités monétaires ne sont jamais suivis d'un point.

  k pour kilo
  km pour kilomètre

- Les symboles ne prennent jamais la marque du pluriel.

  Il a parcouru 100 **km** dans la matinée.
  Cela coûtait autrefois 100 **F**.

210 L'abréviation orale et écrite d'un mot jugé trop long

- Le plus souvent on supprime la fin du mot.
  bac pour baccalauréat
  télé pour télévision
  météo pour météorologie

- L'abréviation d'un nom **prend la marque du pluriel**.
  Ils ont deux **télés**.

- L'abréviation d'un nom employé comme un adjectif épithète est **invariable**.
  des bulletins **météo**
  des séries **télé**

- L'abréviation d'un adjectif est **variable** ou non selon son degré d'intégration dans la langue.
  des produits **bio(s)**
  des bacs **pro(s)**
  des vacances **sympa(s)**

211 L'abréviation d'un groupe de mots

Elle se fait par le recours au **sigle**, qui se prononce :

- soit en détachant chacune des lettres ;
  HLM : **h**abitation à **l**oyer **m**odéré

- soit comme un mot ordinaire.
  SMIC : **s**alaire **m**inimum **i**nterprofessionnel de **c**roissance

  On parle alors d'**acronyme**. Certains de ces acronymes sont devenus des noms communs comme les autres :

  le sida, un laser…

  L'usage des points et des majuscules dans les abréviations tend à disparaître : une hlm, le smic.

212 Principales abréviations

Titres

docteur	Dr
madame	Mme
mesdames	Mmes
mademoiselle	Mlle
mesdemoiselles	Mlles
maître	M^e
maîtres	M^{es}
monsieur	M.
messieurs	MM.
professeur	Pr

Correspondance, adresses

arrondissement	arr.
avenue	av.
boulevard	bd
faubourg	fg
boîte postale	B.P.
en ville	E.V.
aux bons soins de	c/o[1]
Compagnie	Cie
Établissements	Ets
Société	Sté
notre référence	N/Réf.
par ordre	p.o.
pièce jointe	p.j.
post-scriptum	P.-S.
pour copie conforme	p.c.c.
s'il vous plaît	S.V.P.

Textes divers

c'est-à-dire	c.-à-d.
et cetera	etc.
confer	cf.
idem	id.
page	p.
pages	pp.
numéro	n^o
avant midi	a.m.[2]
après midi	p.m.[3]
avant Jésus-Christ	av. J.-C.
après Jésus-Christ	apr. J.-C.
siècle	s.
environ	env.
saint	St
sainte	Ste
Notre-Dame	N.-D.

Unités de mesure

(il n'y a jamais de point)

litre	l
mètre	m
kilomètre	km
gramme	g
kilogramme	kg
heure	h
minute	min
seconde	s

---

1. c/o = *care of* ; 2. a.m. = *ante meridiem* ; 3. p.m. = *post meridiem*.

Les homonymes : *ce* ou *se* ? *ancre* ou *encre* ?

- Les homonymes sont des mots qui se prononcent de la même manière mais qui n'ont pas la même orthographe : l'<u>ancre</u> du bateau ≠ l'<u>encre</u> pour écrire.

213 Les homonymes grammaticaux : *ce* ou *se* ?

a ou *à* ?

- On écrit **a**, quand on peut dire *avait*.
  Il s'agit du verbe (ou de l'auxiliaire) *avoir*.

  Il **a** faim. → Il **avait** faim.
  Il **a** travaillé. → Il **avait** travaillé.
  [Si un verbe suit, il est au participe passé.]

- On écrit **a** dans les locutions latines.
  a contrario, a priori, a posteriori

- On écrit **à** avec un accent dans les autres cas.
  Il s'agit d'une préposition qu'on peut le plus souvent remplacer par une autre.

  à Paris [= *dans* Paris]
  un pull à capuche [= *avec* capuche]
  un travail à faire, à finir, à boucler [Si un verbe suit, il est à l'infinitif.]

ce ou *se* ?

- On écrit **ce** :
  - quand, au féminin, on dirait *cette* ;
  Je veux **ce** cahier. [Je veux *cette* feuille.]

  - quand on peut dire *ceci*, *cela*, ou *la chose qui*.
  Ce n'est pas grave. [= cela…] **Ce** qui me plaît… [= la chose qui…]

- On écrit **se** quand on peut conjuguer et dire *me* ou *te*.
  C'est un pronom réfléchi.

  Il **se** tait. [On peut dire je me tais, tu te tais.]

ces ou ses ?

- On écrit **ces** quand, au singulier, on dirait *ce* ou *cette*.
  Regardez **ces** livres [*ce* livre].
- On écrit **ses** quand, au singulier, on dirait *son* ou *sa*.
  Ce sont **ses** dessins et **ses** gravures [*son* dessin et *sa* gravure].

eut ou eût, fut ou fût ?

- **Passé simple** ou **subjonctif imparfait** ?

  • Il n'y a pas d'accent circonflexe au **passé simple**.
  Au pluriel, on dirait *eurent* ou *furent*.
  Il **eut** tôt fait de... [Ils *eurent*...]
  Il **fut** le premier à... [Ils *furent* les premiers à...]

  • Il y a un accent circonflexe au **subjonctif imparfait**.
  Au pluriel, on dirait *eussent* ou *fussent*.
  Bien qu'il **eût**... [Bien qu'ils *eussent*...]
  Bien qu'il **fût**... [Bien qu'ils *fussent*...]
  Fût-il le meilleur !... [*Fussent*-ils les meilleurs !]

la ou là, ça ou çà, ou ou où ?

- On écrit **là**, **çà** et **où** pour indiquer le lieu.
  C'est **là**. On en trouvait **çà** et **là**. **Là** **où** je vais...
- On écrit **la** quand on peut dire *les*, **ça** quand on peut dire *cela*, **ou** quand on peut dire *ou bien*.
  prends-**la** [prends-*les*] ; prends **ça** [prends *cela*]
  une pomme **ou** une poire [= ou bien]

quand ou quant ?

- On écrit **quant** avec un **t** uniquement dans l'expression **quant à**, qui signifie « en ce qui concerne... ».
  Quant à moi, je pense que...
- Dans tous les autres cas, **quand** indique (ou interroge sur) le temps.

214 Les autres homonymes : *amande* ou *amende* ?

● La liste qui suit présente les mots sur lesquels les erreurs sont les plus fréquentes.

acquis [*pour acquis*]
acquit [*par acquit de conscience*]

amande [fruit]
amende [contravention]

ancre [du bateau]
encre [pour écrire]

côte [rivage, os, pente]
cote [niveau, mesure]

dessein [but]
dessin [de *dessiner*]

différend [désaccord]
différent [autre]

fonds [de commerce]
fond [*un bon fond*]

for [*en son for intérieur*]
fort [de Briançon]

gêne [difficulté]
gène [génétique]

glaciaire [*l'ère glaciaire*]
glacière [pour le pique-nique]

golf [sport]
golfe [bord de mer]

martyr [personne]
martyre [supplice]

pause [arrêt]
pose [attitude, montage]

près de [sur le point de, à côté de]
prêt à [préparé pour]

raisonner [avec logique]
résonner [faire du bruit]

repaire [abri]
repère [pour se repérer]

sceptique [qui doute]
septique [*fosse septique*]

session [séance]
cession [de *céder*]

tache [salissure]
tâche [travail]

teinter [couleur]
tinter [son]

voie [chemin]
voix [pour parler]

voir [le verbe]
voire [et même]

215 En un mot… ou en deux ?
quoi que ou *quoique* ?

🟠 *affaire* ou *à faire* ?

- On écrit **affaire** en un mot dans l'expression **avoir affaire à**.
  Je n'ai jamais **eu affaire à** lui.
- On écrit **à faire** en deux mots quand il s'agit du verbe *faire* (on peut ajouter « *quelque chose* »).
  Ne me dérangez pas, j'ai **à faire**. [= J'ai *quelque chose* à faire.]

🟠 *quelle* ou *qu'elle* ?

- On écrit **quelle** en un mot quand, avec un nom masculin, on dirait *quel*.
  Quelle belle fleur ! [*Quel* beau bouquet !]
  Quelles belles fleurs ! [*Quels* beaux bouquets !]
- On écrit **qu'elle** en deux mots quand, au masculin, on dirait *qu'il*.
  Qu'elle est belle ! [*Qu'il* est beau !]
  Qu'elles sont belles ! [*Qu'ils* sont beaux !]

🟠 *quel que*, *quelque* ou *quelques* ?

- **quel que**, **quelle que**, en deux mots, se place toujours devant les verbes *être* ou *pouvoir*, ou quelquefois *devoir* au subjonctif.
  Quelles que soient vos intentions…
  Quelles que puissent être vos intentions…
  Quelle qu'ait été votre décision…
  Prenez une décision, **quelle qu'**elle soit.
  Faites un choix, **quel qu'**il soit.
- **quelque**, adverbe, se place toujours devant un adjectif. Il est invariable.
  Quelque ponctuel qu'il soit…
  Quelque ponctuels qu'ils soient…
- **quelque**, adjectif indéfini, se place avant un nom.
  Quelque plaisir qu'il ait connu…
  Quelques joies qu'il ait connues…

quoique ou quoi que ?

- **quoique**, en un mot, signifie « malgré le fait que ».
  On peut le remplacer par *bien que*.
  On sortira **quoiqu'**il fasse mauvais. [= *bien qu'*il fasse mauvais]
- **quoi que**, en deux mots, signifie « quelle que soit la chose que ».
  Quoi qu'il fasse, **quoi qu'**il dise, on sortira.
- **quoi que**, en deux mots, s'emploie dans les expressions quoi qu'il en soit et quoi que ce soit.

Les paronymes : *éruption* ou *irruption* ?

- **Les paronymes sont des mots qui se ressemblent et que l'on prend souvent l'un pour l'autre :**
l'<u>éruption</u> d'un volcan ≠ faire <u>irruption</u> dans une pièce.

216 Principaux paronymes

🟢 La liste qui suit présente les mots sur lesquels les erreurs sont les plus fréquentes.

acception [sens d'un mot]
acceptation [dire oui]

affection [trouble, mal, attachement]
infection [de *infecter*]

aménager [arranger]
emménager [quelque part]

collision [choc]
collusion [entente secrète]

compréhensible [qu'on comprend]
compréhensif [qui comprend, admet]

conjecture [hypothèse]
conjoncture [situation générale]

décade [dix jours]
décennie [dix ans]

effraction [bris]
infraction [au règlement]

éminent [remarquable]
imminent [tout proche]

éruption [de boutons, d'un volcan]
irruption [entrée soudaine]

évoquer [faire penser à]
invoquer [faire appel à]

inclinaison [pente]
inclination [penchant]

naturaliser [donner la nationalité]
nationaliser [une entreprise]

partial [pas neutre]
partiel [pas complet]

percepteur [des impôts]
précepteur [d'un élève]

péremption [*date de péremption*]
préemption [*droit de préemption*]

perpétrer [un crime]
perpétuer [continuer]

recouvrer [la santé]
recouvrir [couvrir]

vénéneux [*champignon vénéneux*]
venimeux [*serpent venimeux*]

Les principales rectifications de l'orthographe

- L'Académie française enregistre et recommande certaines des rectifications proposées au *Journal officiel* du 6 décembre 1990. Les principaux dictionnaires présentent aujourd'hui les deux orthographes pour la plupart des mots concernés.

- On note toutefois que, si aucune des deux orthographes ne peut être considérée comme fautive, ces propositions sont soumises à l'épreuve du temps et que, comme d'habitude en matière de langue, c'est l'usage qui tranchera.

217 Le trait d'union

- On recommande de souder certains **mots composés**, en particulier quand d'autres exemples existent déjà dans l'usage.

  porte-monnaie → **portemonnaie**   comme déjà   portefeuille
  risque-tout → **risquetout**   comme déjà   faitout

218 Le tréma et les accents

- On propose de placer le tréma sur la voyelle à prononcer.
  aiguë → aigüe   ambiguë → ambigüe

- On recommande de changer l'**accent aigu** en **accent grave** chaque fois que la prononciation le demande.
  il cédera → il cèdera   crémerie → crèmerie
  Cela est déjà enregistré dans la plupart des dictionnaires et dans les œuvres écrites.

- L'**accent circonflexe** ne sera plus obligatoire sur le *i* et le *u*, où il ne note pas de prononciation particulière ;
  SAUF quand il permet de distinguer des homographes (sûr ≠ sur) ou de marquer une forme verbale particulière (passé simple, subjonctif) :

voûte → voute comme route, doute...
il plaît → il plait comme il tait

Cela n'est pas toujours enregistré dans les dictionnaires usuels ni dans les œuvres écrites.

219 Les mots empruntés aux langues étrangères

- On les munira d'un **accent**, conformément à la prononciation française.

  revolver → révolver   veto → véto

  Pour de nombreux mots les deux orthographes sont aujourd'hui courantes.

- On modifiera l'**orthographe en -er** par une orthographe en **-eur**, conformément aux règles de formation des mots français.

  un squatter → un squatt**eur**

- On adoptera les **règles du pluriel français**.

  un match → des match**s**   un box → des box

220 Les anomalies

- On propose de rectifier certaines anomalies ou incohérences dans l'orthographe des mots d'une même famille ou d'une même série.

  chariot → cha**rr**iot   comme   charrette
  imbécillité → imbéci**l**ité   comme   imbécile
  joaillier → joaille**r**   comme   poulailler
  girolle → giro**l**e   comme   casserole
  interpeller → interpe**l**er   comme   appeler

221 Le participe passé *laissé* suivi d'un infinitif

- On recommande de le rendre invariable sur le modèle de *fait*.

  je les ai laissés entrer → je les ai **laissé** entrer
          comme   je les ai **fait** entrer

Le répertoire des difficultés du français courant

A

à ou **a** ? 213
abat-jour n.m.inv. *des abat-jour* 21
abcès n.m. avec **ès** 180
abhorrer v. avec **h** et **rr**
comme dans *horreur*
abîmer v. avec **î**
abjurer v. (renoncer à) ≠ **adjurer**
(supplier) 216
abord n.m.
- d'abord adv. en deux mots
abréger v. avec **é/è** et toujours un *e* devant *a* ou *o* : *abrège, abrégeons* 99 et 104

abréviations
- types d'~ 208-211
- principales ~ 212

abricot n.m.
- adjectif de couleur invariable 36
absenter (s') v.pron. *Elle s'est absentée.* 63
absoudre v. conjug. 144
- participe : *absous, absoute*
abstenir (s') v.pron. *Elle s'est abstenue.* 63
acajou n.m. *des acajous*
- adjectif de couleur invariable 36
acariâtre adj. avec **â** 184
accaparer v. avec un seul **p**
accéder v. [à] avec **é/è** : *accède, accédons* ; conjug. 104
- participe invariable 56
accélérer v. avec **é/è** : *accélère, accélérons* ; conjug. 104

accent
- ~ aigu ou grave ? 181
- ~ circonflexe 182-183
- *e, é, è* dans les conjugaisons 102-104
acceptation n.f. (dire oui) ≠ **acception** (sens d'un mot) 216

accès n.m. avec **ès** 180
accolade n.f. avec un seul **l**
accord
- les mots qui s'accordent 26
- l'~ de l'adjectif 28-38
- l'~ du nom 39-41
- l'~ du participe passé 55-70
- l'~ du verbe 50-54
- d'accord invariable
accordéoniste n. avec un seul **n** 173
accourir v. conjug. 114
- au futur : *ils accourront*
accroître v. avec **î** devant *t* 148 et 218
accueil n.m. avec **ueil** 163
accueillir v. conjug. 119
acheter v. avec **e/è** : *achète, achetons* 102
- à l'impératif : *achète, achètes-en* 94
- *Elle s'est acheté une voiture. La voiture qu'elle(il) s'est achetée.* 66
achever v. avec **e/è** : *achève, achevons* 102
acolyte n.m. avec un seul **c**
acompte n.m. avec un seul **c**
a contrario sans accent 213
à-côté n.m. *des à-côtés*
à-coup n.m. *des à-coups*
acoustique adj. et n.f. avec un seul **c**
acquéreur n.m. s'emploie pour un homme ou pour une femme : *Elle s'est portée acquéreur.*
acquérir v. conjug. 116
- au futur : *il acquerra*
acquiescer v. avec **ç** devant *a* et *o* : *acquiesce, acquiesçons* 99
acquis n.m. avec **s** (de *acquérir*) ≠ **acquit** (de *acquitter*) 214
acquit n.m. *par acquit de conscience*
âcre adj. (qui pique, qui irrite) ≠ **âpre** (rude) 216

adjectif
- accord de l'~ 28-31
- l'~ de couleur 35-38
- l'~ invariable 32
- l'~ employé comme adverbe 3, 32

adjurer v. (supplier) ≠ **abjurer** (renoncer à) 216

admettre v. conjug. 149
- au conditionnel : *vous admet**triez***

adverbe
- l'~ en -ment 205
- l'adjectif employé comme ~ 3, 32
- accord avec un ~ de quantité 72

aér(o)- 207

aéroport n.m. se prononce *a-éro* 177

af- ou **aff-** ? 175

affaire ou **à faire** ? 215

a fortiori sans accent 213

agglomération n.f. avec **gg**

aggraver v. avec **gg** ≠ **agrandir**

agonir v. (couvrir d'injures) : *On l'agoni**ss**ait d'injures.* ≠ **agoniser** (être à l'agonie) *Le malade agonisait.* 216

agrafe n.f. **agrafer** v. avec un seul **f**

agresser v. avec un seul **g**

agresseur n.m. s'emploie pour un homme ou pour une femme : *C'est elle l'agresseur.*

agripper v. avec un seul **g** et **pp**

aguets n.m.plur. sans circonflexe

aide-mémoire n.m.inv. *des aide-mémoire* 21

aïeul, -e n. (grand-père, grand-mère) ; au pluriel : *aïeuls, aïeules* ≠ **aïeux** (ancêtres) 20

aigre-doux, aigre-douce adj. *des sauces aigres-douces* 21

aigu, aiguë adj. avec un tréma au féminin 186 et 218

aiguiller v. (diriger) ≠ **aiguillonner** (stimuler) 216

ailleurs adv.
- d'ailleurs en deux mots

aimer v. *j'aimerais* ou *j'aimerai* ? 92

aine n.f. sans circonflexe

aîné, -e adj. et n. avec **î**

ainsi adv.
- accord avec ainsi que 79

air n.m.
- accord avec avoir l'air 33

alcôve n.f. avec **ô**

alléger v. avec **ll**

allégement ou **allègement** n.m. 181

1. **aller** v. conjug. 108
2. **aller** n.m. *deux allers pour Paris* 81 ; *deux allers-retours*

allocution n.f. (discours) ≠ **allocation** (somme d'argent) 216

alourdir v. avec un seul **l** ≠ **alléger**

amande n.f. (graine) ≠ **amende** (somme à payer) 214

amateur n.m. ou n.f. *Elle est amateur ou amatrice de...*

ambigu, -ë adj. avec un tréma au féminin 186 et 218

amende n.f. (somme à payer) ≠ **amande** (graine) 214

amer, -ère adj.

amoral, -e, -aux adj. (sans morale) ≠ **immoral** (contraire à la morale)

amour n.m.
- masculin ou quelquefois féminin 7

anagramme n.f. **une** *anagramme* 8

ancre n.f. (du bateau) ≠ **encre** (d'un stylo) 214

année-lumière n.f. *des années-lumière* (= de lumière) 21

anoblir v. (donner un titre de noblesse) ≠ **ennoblir** (donner un caractère noble) 216

-anthrop(o)- 207
antiquité n.f.
  avec une majuscule
  pour la période historique 190
août n.m.
aparté n.m. *un aparté* 8
apercevoir v. conjug. 121
  • accord du participe passé :
  *Elle s'est aperçu**e** de…* 63
apogée n.m. avec **ée** 168
a posteriori sans accent 213
apostrophe 188
apparaître v. avec **î** devant **t** 146
  et 218
apparemment adv. 205
appartenir v. [à] participe invariable :
  *Ils se sont apparten**u**.* 65
appeler v. avec l/ll : *appe**ll**e,*
  *appe**l**ons* 103
appuyer v. avec **i** devant un *e* muet :
  *appu**i**e, il appu**i**era* 106
après-midi n.m. ou n.f. *un* ou *une*
  après-midi 7
  • *tous les lundis après-midi* 80
a priori sans accent 213
arbitre n. *un* ou *une arbitre*
arc-en-ciel n.m. *des arcs-en-ciel* 21
arène n.f. avec **è**
aréopage n.m. on prononce *a-ré-o* 177
armistice n.m. ***un** armistice* 8
aromate n.m. sans circonflexe
arôme n.m. avec **ô** 184
arrière
  • invariable ou variable ? 84
arriver v. *Ils sont arrivés.*
artichaut n.m. avec un **t** final
artisan n.m. ou n.f. *Elle est artisan*
  ou *artisane.*
assaillir v. conjug. 119

asseoir v. avec un **e** à l'infinitif
  seulement et deux conjugaisons
  126
assujettir v. avec **tt** ; conjug. 109
astérisque n.m. ***un** astérisque* 8
asymétrie n.f. avec un seul **s**
  ≠ **dissymétrie**
athée adj. et n. avec **ée,**
  même au masculin
atmosphère n.f. un seul **h**
  dans *-sphère*
-atre ou **-âtre** ? 184
attendre v. conjug. 141
  • *s'attendre à* : *Elle ne s'était pas*
  *attendu**e** à…* 63
attendu participe employé seul 58
attirail n.m. *des attirails* 20
attraper v. avec **tt** et un seul **p**
atypique adj. avec **y,**
  comme dans *type*
aubergine n.f.
  • adjectif de couleur invariable 36
auburn adj.inv. *des cheveux auburn*
aucun, -e
  • ~ devant un nom pluriel 42
audio adj.inv. *des cassettes audio* 82
augure n.m. *de bon augure*
au revoir n.m.inv. *des au revoir*
aussi bien que
  • accord avec ~ 79
auteur n.m. et n.f. *une auteur(e)* ? 12
automne n.m. avec **mn** 160
autre
  • autre chose 77
  • tout autre 46
auxiliaire
  • ~ dans la conjugaison 90
  • ~ et accord du participe 55-56
à-valoir n.m.inv. *des à-valoir*
avant
  • invariable ou variable ? 84

avoir

1. **avoir** v.
   - conjug. 96
   - au subjonctif : *que j'aie, qu'il ait, que nous ayons* (sans *i*)
2. **avoir** n.m. *un avoir, des avoirs* 81
axiome n.m. sans circonflexe 184
ayant droit n.m. sans trait d'union : *des ayants droit*
-ayer
   - verbes en *-yer* 105
azimut n.m. *tous azimuts*

B

babouin n.m. avec **ouin** 165
baby-sitter n. *des baby-sitters*
bail n.m. *un bail, des baux* 20
bal n.m. *des bals* 20
balade n.f. (promenade) avec un seul **l** ≠ **ballade** (poème, musique) 214
balayer v. avec **y** ou **i** : *il balaye ou balaie* ; conjug. 105
balistique adj. et n.f. avec un seul **l** ≠ **balle**
ballade n.f. (poème, musique) avec **ll** ≠ **balade** (promenade) 214
banal, -e adj. *des événements banals* 20
bancaire adj. avec **c**
bancal, -e adj. *des meubles bancals* 20
bande n.f. *des bandes-annonces, des bandes-son, des bandes vidéo*
   - accord avec *une bande de* 71
banderole n.f. avec un seul **l** 174
baptême n.m. avec **ê**
barème n.m. sans circonflexe
barman n.m. *des barmans* 24
basilique n.f. (église) ≠ **basilic** n.m. (herbe) 214
bateau n.m. sans circonflexe 184
bâton n.m. avec **â**

battre v. *je bats, il bat* ; conjug. 150
   - au conditionnel : *vous bat**triez***
beau, belle adj.
   - **bel** devant un nom masculin singulier commençant par une voyelle ou un *h* muet : *un bel homme*
beaucoup
   - accord avec ~ *de* 72
bédouin, -e adj. et n. avec **ouin** 165
bégaiement n.m. avec un **e** muet 159
bégayer v. avec **y** ou **i** : *il bégaye ou bégaie* 105
beige adj. *des robes beiges* ; *des robes beige clair* 37
bénin, bénigne adj. féminin avec **-igne** comme *malin, maligne*
bénit, e adj. *de l'eau bénite* ≠ **béni** (participe de *bénir*) : *on l'a bénie*
best-seller n.m. *des best-sellers*
bétail n.m. sing.
bibliographie n.f. (liste de textes) ≠ **biographie** (texte sur la vie de quelqu'un) 216
bibliothèque n.f. **bibliothécaire** n. avec **c**
bien adj.inv. *Ils sont bien.* 32
bientôt adv. (dans peu de temps) en un mot ≠ **bien tôt** (très tôt)
bijou n.m. *des bijoux* 20
bio adj. *des produits bio(s)* 210
biographie n.f. (texte sur la vie de quelqu'un) ≠ **bibliographie** (liste de textes) 216
biscotte n.f. avec **tt** 176
bissectrice n.f. avec **ss**
bissextile adj. avec **ss**
blâme n.m. avec **â**
blanc, blanche adj. *une robe blanche* ; *une peinture blanc cassé* ; *une robe blanc et bleu* 37-38

blanchâtre adj. avec **-âtre** 184
blême adj. avec **ê**
bleu, -e adj. *des yeux bleus, bleu clair, bleu-vert* 37
blond, -e adj. et n. *des cheveux blonds, blond doré* 37
bocal n.m. *des bocaux*
bœuf n.m. avec **œu**
boire v. conjug. 136
boîte n.f. avec **î** 184
boiter v. sans circonflexe
bon, bonne adj.
• **bon marché** *des articles bon marché* 83
bonbon n.m. avec **n** devant *b*
bonbonne n.f. avec **n** devant *b*
bonhomie n.f. avec un seul **m** 198
bonhomme n.m. et adj.
• au pluriel pour le nom : *des bonshommes* ou *des bonhommes*
• au pluriel pour l'adjectif : *des airs bonhommes*
bouger v. avec **e** devant *a* et *o* : *il bougea, nous bougeons* 99
bouillir v. *je bous, il bout* ; conjug. 113
• au futur : *bouillira*
bouillant, -e adj. *Elle est bouillante de fièvre.* ≠ *Elle arrive, bouillant d'impatience* (participe présent). 86
bouleau n.m. (arbre) ≠ **boulot** (travail)
boursoufler v. **boursouflure** n.f. avec un seul **f** ≠ **souffler**
bouteille n.f.
• *des pulls vert bouteille* 37
box n.m. (garage) ≠ **boxe** n.f. (sport)
• au pluriel : *des box* ou *des boxes* ? 24
bref, brève adj.
broyer v. avec **y/i** : *il broie, nous broyons* ; conjug. 106

bru n.f. sans *e* 169
brûler v. *Elle s'est brûlée au doigt ; elle s'est brûlé le doigt.* 66
brûlant, -e adj. *Elle est brûlante de fièvre.* ≠ *Elle arrive, brûlant de curiosité* (participe présent). 86
brun, -e adj. et n. *des cheveux bruns ; des cheveux brun foncé* 37
brut, -e adj. *une matière brute* ≠ **brut** adv. *gagner 1 000 euros brut*
brutal, -e, -aux adj. *un geste brutal, des gestes brutaux*
butoir n.m. *des dates butoirs* 41
butte n.f. *être en butte à* ≠ **but** n.m. (objectif) 214

C

ça ou **çà** ? 213
câble n.m. avec **â**
cadre n.m. *des accords cadres, des lois-cadres* 41
caduc, caduque adj.
caducée n.m. avec **-ée** 168
cahot n.m. (secousse) ≠ **chaos** (désordre) 214
cahoteux, -euse adj. *un chemin cahoteux* (avec secousses) ≠ **chaotique** (désordonné) 216
caillou n.m. *des cailloux* 20
cal n.m. *des cals* 20
camaïeu n.m. *des camaïeus* ou *des camaïeux* 20
camion n.m. *des camions-citernes*
camping-car n.m. *des camping-cars*
canal n.m. *des canaux*
canard n.m. *des pulls bleu canard* 37
cane n.f. (animal) ≠ **canne** (bâton) 214
cap n.m. *le cap Horn* 191
• *de pied en cap* (des pieds à la tête) ≠ **cape** n.f. (manteau)

caparaçonné, e adj. bien prononcer *ca-pa-ra* ; vient de *caparaçon* (housse de protection du cheval) et non de *carapace* 177

cape n.f. *un film de cape et d'épée* ≠ **cap** n.m. 214

caribou n.m. (renne du Canada) *des caribous* 20

carmin n.m. et adj.inv. *des lèvres carmin* 36

carnaval n.m. *des carnavals* 20

carotte n.f. avec **tt** 176
- adjectif de couleur invariable : *des cheveux carotte* 36

carriole n.f. avec **rr** et un seul **l** 174

carrosse n.m. avec **rr**

casserole n.f. avec un seul **l** 174

casse-tête n.m.inv. *des casse-tête*

caténaire n.f. **une** *caténaire* 8

cauchemar n.m. sans **d** final

ce ou **se** ? 213

céder v. avec **é/è** : *cède, cédons* ; conjug. 104

cédille 185

censé, -e adj. (supposé) ≠ **sensé** (qui a du bon sens) 214

cent adj. numéral
- avec ou sans **s** au pluriel ? 48
- liaison avec ~ 178

centaine n.f. *par centaines*
- accord avec *une centaine de* 72

centre-ville n.m. *des centres-villes*

cep n.m. (pied de vigne) ≠ **cèpe** (champignon) 214

cercueil n.m. avec **ueil** 163

cérémonial n.m. *des cérémonials* 20

cerfeuil n.m. avec **euil** 163

cerf-volant n.m. *des cerfs-volants*

cerne n.m. **un** *cerne* 8

certains, certaines
- accord avec ~ *d'entre nous* 75

ces ou **ses** ? 213

cession n.f. (de *céder*) ≠ **session** (séance) 214

c'est
- accord avec *c'est moi, toi … qui* 53

c'est-à-dire avec des traits d'union

chacal n.m. *des chacals* 20

chacun, -e
- accord avec ~ 77

chair n.f. (corps) ≠ **chaire** (tribune) ≠ **chère** (nourriture)
- adjectif de couleur invariable : *des collants chair* 36

champignon n.m.
- *des villes champignons* 41

chandail n.m. *des chandails* 516

chaos n.m. (désordre) ≠ **cahot** (secousse) 214
- **chaotique** adj. ≠ **cahoteux**

chapitre n.m. sans circonflexe 184

chaque adj. indéfini
- *Chaque garçon et chaque fille aura son livre.*

chariot n.m. avec un seul **r** ≠ **charrette** avec **rr** 198 et 220

charnière n.f.
- *des périodes charnières* 41

charrette n.f. avec **rr**

chas n.m. (d'une aiguille) avec **s** ≠ **chat** (animal)

chassé-croisé n.m. *des chassés-croisés*

chasse-neige n.m. *des chasse-neige*

châssis n.m. avec **â**

châtaignier n.m. avec **-ier**

châtain adj. invariable en genre : *Elles sont châtains.* 32
- *des cheveux châtains, châtain clair* 37

château fort n.m. sans trait d'union : *des châteaux forts*

combien

chaud, -e adj. **chaud** adv. 32
chef-d'œuvre n.m. *des chefs-d'œuvre*
chef-lieu n.m. *des chefs-lieux* 21
chenal n.m. *des chenaux* 20
chèque n.m. *des chèques-cadeaux* ; *des chèques-restaurant*
cher, chère adj. **cher** adv. 32
chère n.f. (nourriture) *aimer la bonne chère* ≠ **chair** (corps) ≠ **chaire** (tribune) 214
cheval n.m. *des chevaux*
chevreuil n.m. avec **-euil** 163
chic adj. invariable en genre : *une tenue chic ; des tenues chics* 32
choc n.m. *des mesures chocs* 41
chœur n.m. *en chœur* (ensemble) ≠ **cœur** (organe) 214
chose n.f.
· *autre chose, pas grand-chose, quelque chose* sont du masculin singulier 77
chromosome n.m. sans circonflexe
-ci 187
ciel n.m. a deux pluriels : *cieux* dans les emplois religieux ou poétiques et *ciels* dans les emplois techniques *(des ciels de lit, les ciels d'un peintre)*
· adjectif de couleur invariable 36
ci-inclus, ci-joint, ci-annexé 58
cime n.f. sans circonflexe
ciné-club n.m. *des ciné-clubs*
cinéphile n. avec **-phile** (qui aime) 207
cinquantaine n.f.
· accord avec *une cinquantaine de* 72
circonflexe
· avec ou sans accent ~ ? 184
circonlocution n.f. (détour en paroles) ≠ **circonvolution** (cercle) 216

circonscrire v. conjug. 139
· *Cet incendie est circonscrit.*
≠ *Ce garçon est circoncis.*
citron n.m.
· adjectif de couleur invariable 36
civilisation n.f. *les civilisations grecque et romaine* 31
clair, -e adj. *des yeux clairs, bleu clair* 37
· ~ est invariable comme adverbe : *ils voient clair* 32
classicisme n.m. avec **ss** puis **c** comme dans *classique*
clé ou **clef** n.f. avec ou sans trait d'union : *des postes clés ; des mots-clés* 41
clin d'œil n.m. *des clins d'œil*
cloître n.m. avec **î**
clôturer v. avec **ô**
clou n.m. *des clous* 20
coach n. *des coachs* 24
coasser v. *La grenouille coasse.* ≠ **croasser** (pour le corbeau) 216
COD
· comment trouver le COD ? 60
cœur n.m. ≠ **chœur**
coïncidence n.f. avec **ï**
collectif
· accord avec un collectif 71
collision n.f. (choc) ≠ **collusion** (entente secrète) 216
côlon n.m. (partie de l'intestin) avec **ô** ≠ **colon** (membre d'une colonie) 214
combattre v. **combattant** n.m. avec **tt** ≠ **combatif, -ive** adj. **combativité** n.f. avec un seul **t** 198 et 220
· au conditionnel : *vous comba**ttr**iez* 150
combien adv.
· singulier ou pluriel après ~ ? 14
· accord avec ~ 72

comme
- accord du verbe avec ~ 79

commencer v. avec **c/ç** : *commence, commençons* 99

commettre v. conjug. 149
- au conditionnel : *vous comme**ttr**iez*

comparaître v. avec **î** devant un *t* : *il comparaît* 146 et 218

compatir v. sans circonflexe ≠ **pâtir**

complaire (se) v.pron. avec **î** devant un *t* : *il se complaît* 134 et 218
- participe passé invariable : *ils se sont complu à* 65

compléter v. avec **é/è** : *complète, complétons* 104

compréhensible adj. (qu'on peut comprendre) ≠ **compréhensif, -ive** (qui comprend) 216

comprendre v. conjug. 142

compris, -e adj.
- *y compris, non compris* 58

compromettre v. conjug. 149
- au conditionnel : *vous compromettriez*

compte n.m. (calcul) ≠ **conte** (récit) ≠ **comte** (titre de noblesse) 214
- *se rendre compte* : *Elle s'est rendu compte de son erreur.*

comptine n.f. avec **mpt** (de *compter*)

comte n.m. **comtesse** n.f. avec **mt** ≠ **compte** ≠ **conte** 214

concerter (se) v.pron. *Ils se sont concertés.*

concessionnaire n. avec **nn** 173

concevoir v. : *je conçois* ; conjug. 121

conclure v. : *il conclut, affaire conclue* ; conjug. 153
- au futur : *il conclura* (sans *e*)
- au passé simple : *ils conclurent*

concomitant, -e adj. avec un seul **m**

concurrence n.f. avec **rr**

condamner v. avec **mn** qui se prononce -*n*- 160

condescendant, -e adj. avec **sc** comme dans *descendre*

condisciple n. avec **sc** comme dans *disciple*

condoléances n.f.plur.

conduire v. conjug. 137

cône n.m. avec **ô** qui disparaît dans les mots de la famille 184

confessionnal n.m. avec **nn** 173
- *des confessionnaux*

confidence n.f. **confidentiel, -elle** adj. avec **tiel**

confondre v. *je confonds, il confond* ; conjug. 141

congrès n.m. avec **ès** 180

conifère n.f. **conique** adj. sans circonflexe ≠ **cône**

conjecture n.f. (supposition) *se perdre en conjectures* ≠ **conjoncture** (situation d'ensemble) 216

conjugal, -e, -aux adj. *des problèmes conjugaux*

conjuguer v. avec **gu**, même devant *a* et *o* : *nous conjuguons* 99
- **conjugaison** n.f. sans *u* après le **g**

connaître v. avec **î** devant un *t* : *il connaît* ; conjug. 146 et 218

connexion n.f. avec **x** ≠ du mot anglais *connection*

connoter v. **connotation** n.f. avec **nn**

consonance n.f. avec un seul **n** comme *dissonance* et *résonance* ≠ **consonne**

construire v. conjug. 137

conte n.m. (récit) avec **n** comme dans *raconter* ≠ **compte** ≠ **comte**

contenir v. conjug. 111

content n.m. *avoir son content de* ≠ **comptant** (*payer comptant*)

contigu, -ë adj. avec un tréma au féminin 186 et 218

continuer v. au futur : *il continuera* ; conjug. 100

contraindre v. *je contrains, il contraint* ; conjug. 143

contrôle n.m. **contrôler** v. avec ô

convaincant, -e adj. avec **c** : *une démonstration convaincante* ≠ **convainquant** (participe présent invariable) 86

convaincre v. *je convaincs, il convainc* ; conjug. 154

convenir v. conjug. 111
• se conjugue avec *avoir* en langue courante : *nous avons convenu de* ; avec *être* en langue plus recherchée : *nous sommes convenus de*

convergent, -e adj. avec **gent** ≠ **convergeant** (participe présent invariable) 86

copier v. au futur : *il copiera* 100
• à l'indicatif imparfait et au subjonctif présent : *(que) nous copiions*

cor n.m. *un cor de chasse* ≠ **corps**
• *à cor et à cri*

corail n.m. *un corail, des coraux* 20
• adjectif de couleur invariable : *des pulls corail* 36

corolle n.f. avec un seul **r** et **ll** 174

correspondre v. [à, avec] *je corresponds, il correspond* ; conjug. 141
• participe passé invariable 56

cote n.f. (niveau) sans circonflexe ≠ **côte** avec ô (os, pente ou rivage)

côté n.m. avec ô
• *de tout côté* ou *de tous côtés*

coteau n.m. sans circonflexe 184

coudre v. *je couds, il coud* ; conjug. 145

couleur n.f. *des crayons de couleur* ; *des photos couleur* 41
• accord des adjectifs de ~ 35-38

coup n.m. *des coups de pied* ; *un coup de ciseaux* ; *un coup de dés*
• On écrit sans trait d'union *tout à coup*.

cour n.f. (espace) ≠ **cours** (d'eau) ≠ **court** (de tennis) 214

courir v. avec un seul **r**
• conjug. 114
• au futur : *il cour**r**a*
• accord du participe passé 61

cours n.m. avec un **s** : *un cours d'eau* ; *avoir cours* ≠ **cour** ≠ **court** 214

1. **court** n.m. avec **t** : *des courts de tennis*

2. **court, -e** adj. **court** adv. *des cheveux coupés court* 32

court-circuit n.m. *des courts-circuits*

coût n.m. **coûter** v. avec û
• accord du participe 61

craindre v. *je crains, il craint* ; conjug. 143

crâne n.m. avec â

créer v. conjug. 100
• au futur : *il créera*
• au participe passé féminin : *créée*

crème n.f.
• adjectif de couleur invariable : *des gants crème* 36

créneau n.m. avec é

crêpe n.m. et n.f. avec ê

crépu, -e adj. avec é : *des cheveux crépus*

crier v. conjug. 100
• au futur : *il criera*
• à l'imparfait : *nous criions*

cristal n.m. *un cristal, des cristaux*

183

croasser v. *Le corbeau croasse.*
≠ **coasser** (pour la grenouille)

croire v. conjug. 135
- accord du participe passé 62

croître v. conjug. 148 et 218
- *crû, crue, crus, crues*

cru n.m. sans circonflexe : *un cru du Beaujolais* ≠ **crû** (du verbe *croître*) 184

crue n.f. sans circonflexe : *des fleuves en crue*

crûment adv. avec **û** 206 et 218

cueillir v. avec **ueil** 163
- conjug. 119
- à l'impératif : *cueille, cueilles-en* 94
- accord du participe passé avec *en* 62

cuillère ou **cuiller** n.f.

cuire v. conjug. 137

culte n.m. *des films(-)cultes*

cultuel, -elle adj. (relatif à un culte) *des édifices cultuels* ≠ **culturel** (de la culture) 216

cyprès n.m. (arbre) avec **ès** 180

D

d'abord adv. en deux mots

daim n.m. avec **aim** comme *faim*

damner v. avec **mn** qui se prononce *-n-* 160

date n.f. (moment) ≠ **datte** (fruit)

d'aucuns 42

davantage adv. en un mot

dé- ou **des-** ? 201

debout adv. *Ils sont debout.*

deçà adv. avec **à**

décade n.f. (période de dix jours) ≠ **décennie** (dix ans)

décès n.m. avec **ès** 180

décevoir v. conjug. 121

de-ci de-là loc.adv.

décidément adv.

découler v. [de] participe passé invariable

décroître v. conjug. 148

décrue n.f. sans circonflexe

dédire (se) v.pron. se conjugue comme *dire*, sauf : *vous vous dédisez* 137

défaillir v. se conjugue comme *cueillir*, sauf au futur et au conditionnel : *il défaillira(it)* 119

défaire v. *vous défaites* et non *défaisez* ; conjug. 132

défendre v. *je défends, il défend* 141
- *Elle s'est défendue contre...* 64
- *Elle s'est défendu de...* 65

déflagration n.f. avec **fla** et non *fra* 177

dégât n.m. avec **â**

dégingandé, -e adj. (grand et maigre) ; le premier **g** se prononce *-j-* 177

dégoûter v. avec **û** comme dans *goût*

dégoutter v. avec **tt** comme dans *goutte*

dégrafer v. avec **f** comme dans *agrafe*

déjà adv. avec **à**

déjeuner v. et n.m. sans circonflexe ≠ **jeûner**

delà
- au-delà et par-delà avec des traits d'union

délacer v. (défaire les lacets) ≠ **délasser** (reposer) 214

délai n.m. sans **s** au singulier ≠ **relais**

délasser v. (reposer ; de *las, lasse*) ≠ **délacer** (défaire les lacets) 214

disgrâce

demander v.
- à l'impératif : *demande du pain, demandes-en* 94
- *Elle s'est demandé si...* 65

d'emblée adv. en deux mots

demi-, et demi 32

dénoter v. avec un seul **n** ≠ **connoter**

dénouement n.m. avec **e** muet 159

dénuement n.m. avec **e** muet 159

départir (se) v.pron. conjug. 109
- *Elle ne s'est pas départie de...* 63

dépens n.m.plur. avec **ens**, comme dans *dépenser*

déplaire v. [à] avec **î** devant *t* 218
- conjug. 134
- participe invariable 65

dépôt n.m. avec **ô**

déroger v. [à] avec **e** devant *a* et *o* ; conjug. 99

dès prép. avec **è**

dés- 201

désappointé, -e adj. avec **pp**

désarroi n.m. avec **rr**

descendre v. conjug. 141

désespérer v. avec **é/è** ; conjug. 104

desiderata n.m.plur. mot latin : *des desiderata* 25

design n.m. mot anglais sans accent
- invariable comme adjectif : *des meubles design* 41

dessaisir v. avec **ss** comme *ressaisir*

dessaler v. avec **ss** ≠ **resaler**

dessein n.m. (but) ≠ **dessin** (croquis) 214

desserrer v. avec **ss** comme dans *resserrer*

desservir v. avec **ss** comme dans *resservir*

dessin n.m. (croquis) ≠ **dessein** (but) 214

dessous
- en dessous, sans trait d'union
- au-dessous, ci-dessous, là-dessous, par-dessous avec un trait d'union 187

dessus
- au-dessus, ci-dessus, là-dessus, par-dessus avec un trait d'union 187

détoner v. (exploser) avec un seul **n** ≠ **détonner** (manquer d'harmonie)

détruire v. conjug. 137

devant
- au-devant, par-devant avec un trait d'union 187

devenir v. conjug. 111
- *Élise est devenue avocate.*

devoir v. conjug. 122
- accord du participe 62

diagnostic n.m. *un diagnostic* ≠ **diagnostique** adj. *des signes diagnostiques*

différend n.m. (désaccord) ≠ **différent** (pas pareil) 214

difforme adj. avec **ff**

digérer v. avec **é/è** : *digère, digérons* 104

digression n.f. sans *s* avant le **g**

dilemme n.m. avec **mm** 177

dimanche n.m. *tous les dimanches matin* 80

dire v. se conjugue comme *conduire*, avec des particularités 137
- accord du participe passé :
– *la chose que j'ai dite* 59
– *la chose que je lui ai dit de faire* 62
– *elle s'est dit que* 66
– *elle s'est dite désolée* 64

dirigeant, -e adj. et n. avec **ea**

dis- ou **dys-** 202

disgrâce n.f. avec **â** comme dans *grâce* 184

185

disparaître

- **disgracieux, -ieuse** adj. sans circonflexe, comme dans *gracieux*
- **disparaître** v. avec î devant un *t* ; conjug. 146
- **dissonant, -e** adj. avec un seul **n**
- **dissoudre** v. se conjugue comme *résoudre*, sauf au participe passé : *dissous, dissout* 144
- **dissymétrie** n.f. (défaut de symétrie) avec **ss** ≠ **asymétrie** avec **s**
- **distinct, -e** adj. avec **ct** qui ne se prononce pas au masculin
- **distraire** v. conjug. 133
- **dithyrambique** adj. avec **thy**
- **divergent, -e** adj. avec **gent** : *des opinions divergentes* ≠ **divergeant** (participe présent invariable) 199
- **dizaine** n.f.
  - accord avec *une dizaine de* 72
- **doigt** n.m. avec **gt**
- **dôme** n.m. avec **ô** 184
- **donation** n.f. avec un seul **n** ≠ **donner**
- **donner** v.
  - à l'impératif : *donne les cartes, donnes-en deux* 94
  - accord du participe passé :
  - — *les choses qu'on a donné**es*** 59
  - — *celles qu'on a donné à faire* 62
  - — *elle s'est donné de la peine* 66
  - — *elle s'est donnée à son travail* 64
  - *étant donné* est invariable en tête de phrase 58
- **douceâtre** adj. avec **eâ**
- **douter** v. [de] participe passé invariable : *des faits dont ils ont douté* 56
  - *se douter de, que* participe passé variable : *elle s'est doutée que, elle s'en est doutée* 63

- **doux-amer, douce-amère** adj. *des fruits doux-amers, des paroles douces-amères* 34
- **douzaine** n.f.
  - accord avec *une douzaine de* 72
- **drap-housse** n.m. *des draps-housses*
- **dû, due** adj. avec **û** au seul masculin singulier : *le loyer dû, les loyers dus*
- **duché** n.m. sans circonflexe
- **dûment** adv. avec **û** : *Il a été dûment informé de ses droits.* 206 et 218
- **duplicata** n.m. avec ou sans **s** au pluriel : *des duplicata(s)* 25
- **durer** v. participe invariable 61
- **dys-** 202
- **dysfonctionnement** n.m. avec **y**

E

- **e** muet 159
- **échalote** n.f. avec un seul **t** 176
- **échanger** v. avec **e** devant *a* et *o* : *il échangeait, nous échangeons* 99
  - *ils se sont échangé des images* ; *les images qu'ils se sont échangées* 66
- **échappatoire** n.f. ***une*** échappatoire 8
- **écho** n.m. (son) ≠ **écot** (quote-part)
- **échouer** v. au futur et au conditionnel : *il échouera(it)* 100
- **éclair** n.m. *des voyages éclair(s)*
- **écœurer** v. avec **œ** comme dans *cœur*
- **écot** n.m. (quote-part) *payer son écot* ≠ **écho** (son) 214
- **écouter** v.
  - à l'impératif : *écoute ce disque, écoutes-en d'autres* 94
  - *je les ai écoutés chanter* 68
- **écran** n.m. *des sociétés-écrans*
- **écrier (s')** v.pron. *Elle s'est écriée...* 63

écrire v. conjug. 139
- accord du participe passé :
– *la lettre que j'ai écrite* 59
– *elles s'est écrit une lettre* ;
la lettre qu'elle s'est écrite 66

écritoire n.f. **une** *écritoire* 8

écueil n.m. avec **ueil** 163

effacer v. avec **ç** devant *a* et *o* :
il effaçait, nous effaçons 99

effectuer v. au futur
et au conditionnel :
il effectuera(it) 100

effleurer v. (toucher à peine)
≠ **affleurer** (apparaître
à la surface) 216

effluve n.m. *des effluves enivrants*

effraction n.f. *entrer par effraction*
≠ **infraction** (manquement
à une loi) 216

effrayer v. avec **y** ou **i** : *il m'effraie* ou
effraye ; conjug. 105

égal, -e, -aux adj. et n.
- *à l'égal de, d'égal à égal, n'avoir
d'égal que, sans égal* : accord 83

égaler v. *3 plus 3 égale 6*

égoïste adj. et n. avec **ï**

égout n.m. sans circonflexe

égoutter v. **égouttoir** n.m. avec **tt**
comme dans *goutte*

eh interj. *Eh bien !*

élever v. avec **e/è** : *nous élevons,
ils élèvent* ; conjug. 102

élire v. conjug. 138
- au passé simple : *ils élurent*
et non *élirent*

élision
- apostrophe et élision 188-189

élocution n.f. (manière
de prononcer) ≠ **allocution**
(discours) 216

émail n.m. *des émails* ou *des émaux*

emblée (d') adv.

emblème n.m. avec **è**

emboîter v. avec **î** comme dans *boîte*

embonpoint n.m. avec **m** devant *b*,
mais avec **n** devant *p*

émettre v. conjug. 149
- au conditionnel : *vous émettriez*

émeu n.m. *des émeus* 20

émigrer v. (quitter son pays)
≠ **immigrer** (s'installer
dans un pays) 216

éminent, -e adj. (remarquable)
≠ **imminent** (sur le point d'arriver)
216

émouvoir v. conjug. 125

emparer (s') v.pron. *Ils se sont
emparés de la ville.* 63

employer v. avec **i** devant un *e* muet :
il emploie, il emploiera 106

empreint, -e adj. **empreinte** n.f.
avec **ein**
- *le visage empreint de douleur*
(marqué par) ≠ **emprunt** n.m.
(de *emprunter*) 214

empresser (s') v.pron.
Elle s'est empressée de... 63

en pron.
- avec un trait d'union
après un verbe à l'impératif :
prends-en 187
- accord du participe passé
avec ~ 62

encablure n.f. sans circonflexe ≠ **câble**

encens n.m. **encenser** v. avec **c**

encéphale n.m. **un** *encéphale* 8

-endre ou **-andre** ? 162

enfreindre v. conjug. 143

enfuir (s') v.pron. conjug. 117
- *Elle s'est enfuie.* 63

enlever v. avec **e/è** : *nous enlevons,
ils enlèvent* 102

ennoblir v. se prononce *en-noblir* : *Le courage ennoblit.* ≠ **anoblir** (donner un titre de noblesse) 216

ennuyer v. avec **i** devant un *e* muet : *il s'ennuiera* 106

ensemble adv. est invariable : *Restons ensemble.*

entendre v. conjug. 141
· accord du participe *entendu* suivi de l'infinitif 68-69

entier, -ière adj.
· *tout entier* 46

entrefaites (sur ces) n.f.plur. sans circonflexe

entremets n.m. avec **ts** comme dans *mets*

entrepôt n.m. avec **ô**

envi (à l') loc.adv. (à qui mieux mieux) sans *e* ≠ **envie** n.f. (désir)

environ adv. (à peu près) sans *s*, invariable : *Cela coûte environ 50 euros.* ≠ **environs** n.masc.plur. (parages) 84

envoyer v. conjug. 107
· *Ils se sont envoyé des lettres* ; *les lettres qu'ils se sont envoyées* 66

épeler v. avec l/ll : *nous épelons, ils épellent* 103

épithète n.f. *une* épithète 8

épître n.f. (lettre) avec **î** 184

épouvantail n.m. *des épouvantails*

équivalent, -e adj. et n.m. avec **ent** ≠ **équivalant** (participe présent invariable) 199

équivaloir v. conjug. 129

ermite n.m. sans *h* : *vivre en ermite*

erratum n.m. *un erratum, des errata* 25

éruption n.f. *un volcan en éruption* ≠ **irruption** (entrée brutale) 216

escient (à bon, à mauvais) avec **sc** comme dans *science*

espérer v. avec **é/è** : *nous espérons, ils espèrent* 104

essaim n.m. avec **aim**, comme dans *faim* et *daim* 171

essayer v. avec **y** ou **i** : *il essaie* ou *essaye* ; conjug. 105

essouffler v. avec **ff** comme dans *souffle*

essuie-glace n.m. *des essuie-glaces*

essuie-mains n.m.inv. *des essuie-mains*

essuyer v. avec **y/i** : *nous essuyons, ils essuient* ; conjug. 106

est n.m.inv. et adj.inv. 192

est-ce que avec un seul trait d'union

étal n.m. *les étals du marché* 20

étale adj. avec **e** : *L'océan est étale.*

étant donné : *étant donné les circonstances* 58

etc. 177

éteindre v. *j'éteins, il éteint* ; conjug. 143

étendre v. *j'étends, il étend* ; conjug. 141

éthique adj. et n.f. (moral) avec **h** ≠ **étique** (très maigre) 214

étinceler v. avec l/ll : *il étincelait, ils étincellent* 103

étique adj. (maigre) ≠ **éthique** (moral) 214

être v. conjug. 97
· au subjonctif : *que je sois, qu'il soit, que nous soyons* (sans *i*)

étymologie n.f. sans *h*

-euil ou **-ueil** ? 163

eut ou **eût** ? 182 et 213

événement ou **évènement** n.m. 181

évidemment adv. 205

ex æquo ou **ex aequo** inv. *Ils sont ex aequo.* 25

excepté : *excepté ma sœur*, mais : *ma sœur exceptée* 58

excès n.m. avec **è** : *un excès de vitesse*
≠ **accès** (poussée subite) 216

exclure v. conjug. 153
- au futur : *il exclura* (sans *e*)
- au passé simple : *ils exclurent* et non *excluèrent*

exempt, -e adj. **exempter** v.

exhaler v. avec **h** comme dans *inhaler* et *haleine*

exhumer v. avec **h** comme *inhumer*

exiger v. avec **e** devant *a* ou *o* : *exigeant, exigeons* 99
- **exigeant, -e** adj. avec **eant**
- **exigence** n.f. avec **en**

exigu, -ë adj. avec un tréma au féminin 186 et 218
- **exiguïté** n.f.

exorbité, -e adj. sans *h* : *les yeux exorbités* (sortis de leur orbite)

expansion n.f. (développement, progrès) ≠ **extension** (du verbe *étendre*) 216

1. **exprès** adv. sans prononcer le *s* : *Il l'a fait exprès.*
2. **exprès, expresse** adj. en prononçant le *s* : *un ordre exprès* (formel, absolu) ; *une défense expresse* ≠ **express** (rapide)

express adj. et n.m. *une voie express* (rapide)

extension n.f. *des mouvements d'extension* ≠ **expansion** (progrès) 216

1. **extra** n.m. *faire des extras*
2. **extra** adj.inv. *des fruits extra* 82

extraire v. conjug. 133

extrême adj. avec **ê**
- **extrémité** n.f. avec **é**

F

faction n.f. (groupe ou garde) *des hommes en faction* ≠ **fraction** (division, partie) 216

faillir v. *J'ai failli tomber.* (Le verbe qui suit *failli* est toujours à l'infinitif.)

faim n.f. avec **aim** comme dans *daim* et *essaim* 171

faire v. conjug. 132
- *(vous) faites* sans circonflexe
- *la robe qu'elle s'est faite* 66
- *la robe qu'elle s'est fait faire* 70
- *à faire* ou *affaire* ? 215

faire-part n.m.inv. *des faire-part*

faisable adj. avec **ai** qu'on prononce *-e-*

faisan n.m. avec **ai** qu'on prononce *-e-*

fait n.m.
- *fait divers* sans trait d'union : *des faits divers*
- *tout à fait* est invariable et s'écrit sans traits d'union

faîte n.m. avec **î** (sommet) : *le faîte d'un arbre* ≠ **faites** (de faire)

falloir v. impersonnel conjug. 130
- *il faut* est toujours suivi de l'infinitif : *il faut manger*
- *il faut que* est toujours suivi du subjonctif : *il faut que j'aie, qu'il ait*

familles de mots 197-199

fantaisie n.f. *des bijoux fantaisie* 41

fantôme n.m. avec **ô** 184
- **fantomatique** adj. sans circonflexe

faon n.m. avec **aon** prononcé *-an-* comme dans *paon* et *taon* 178

fatal, -e adj. *Ces événements lui furent fatals.* 20

fatigant, -e adj. sans *u* : *un travail fatigant* ≠ *en se fatiguant* (participe présent invariable) 86

fatiguer v. avec **gu**, même devant *a* et *o* : *il fatiguait, nous fatiguons* 99

faute n.f.
- *sans faute* ou *sans fautes* ? 18

favori, -ite adj. sans *t* au masculin

féerie n.f. **féerique** adj. avec un seul *é* comme dans *fée*

feindre v. conjug. 143

féminin
- masculin ou féminin ? 8
- le ~ des noms et des adjectifs 9
- le ~ des noms de métiers 11

femme n.f. avec un *e* qu'on prononce *-a-*

ferré, -e adj.
- **ferroviaire** adj. avec **rr**

festival n.m. *des festivals* 20

fête n.f. avec **ê**

fétiche n.m. *des nombres fétiches* 41

1. **feu** n.m. *des feux* 20

2. **feu, -e** adj. (décédé) invariable avant l'article : *feu la reine* ; variable après : *la feue reine*
- pluriel : *feus, feues* 20

feuilleter v. avec **t/tt** : *feuillette, feuilletons* ; conjug. 103

film n.m. *des films(-)catastrophe* ; *des films(-)cultes* 41

filtre n.m. (pour filtrer) ≠ **philtre** (boisson magique) 214

fin, fine adj.
- est invariable comme adverbe : *Elle est fin prête, ils sont fin prêts.*

final, -e adj. au masculin pluriel : *finals* ou quelquefois *finaux* 20

finale n.f. et n.m. *la finale d'un match* ; *le finale d'une symphonie*

finir v. conjug. 109
- *fini les vacances !* 58

flamant n.m. (oiseau) avec un **t** ≠ **flamand** (de *Flandre*) 214

flambant neuf : *une robe flambant neuve* 83

flèche n.f. avec **è**

flot n.m. sans circonflexe

flou, -e adj. *des textes flous*

fluo adj.inv. *des couleurs fluo* 82

flûte n.f. avec **û**

foi n.f. (confiance, croyance) sans *e* : *la foi* ≠ **foie** n.f. (organe) avec **e** : *le foie* 214

fois n.f. avec **s** : *une, deux, trois fois*

fomenter v. bien dire *-fo-* (et non *-fro-*) : *fomenter une révolte* 177

foncé, -e adj. *des cheveux foncés* ; *des cheveux brun foncé* 37

fonctionnaire n. avec **nn**

fond n.m. sans *s* au singulier : *un bon fond* ; *du ski de fond* ; *des livres de fond* ≠ **fonds** (capital)

fondre v. conjug. 141

fonds n.m. avec **s** au singulier : *un fonds de commerce, un fonds de garantie* ≠ **fond** 214

fonts n.m.plur. avec un **t** comme dans *fontaine* : *les fonts baptismaux* ≠ **fonds** 214

for n.m. *dans mon for intérieur* ≠ **fort** (fortification) 214

forêt n.f. (bois) avec **ê** ≠ **foret** n.m. (outil) 214

fort, -e adj.
- est invariable comme adverbe : *Elle est fort désagréable.*
- *se faire fort de* : *Elle se fait fort de…*

fou, folle adj.
- **fol** devant un nom masculin singulier commençant

par une voyelle ou un *h* muet :
un fol amour

foule n.f.
- accord avec *une foule de* 71

fouler v. *Elle s'est foulé la cheville. Quelle cheville s'est-il foulée ?* 66

fourmi n.f. sans *e*
- **fourmilière** n.f. avec un seul l ; on prononce comme dans *lierre*

fraction
- accord avec une ~ 72

frais, fraîche adj. avec î au féminin et dans tous les mots de la famille : *fraîcheur, fraîchir,* etc.
- employé comme adverbe, *frais* est invariable 32
- *frais émoulu* s'accorde : *des jeunes filles fraîches émoulues d'HEC*

framboise n.f.
- est invariable comme adjectif de couleur 36

français, -e adj. et n. avec ou sans majuscule ? 191 et 193

froid, -e adj.
- est invariable comme adverbe 32

frugal, -e, -aux adj. *des repas frugaux* 20

fruste adj. (grossier, sans culture) avec **ste** ≠ **rustre** ou *il frustre* (du verbe *frustrer*) 177

frustrer v. avec **str**(e) : *Cela le frustre d'une partie de son héritage.* ≠ **fruste** adj.

fuir v. conjug. 117

funérailles n.f.plur. 13

fut ou **fût** ? 182 et 213

futur 92

G

gageure n.f. se prononce avec *-ure* (et non *-eur*)

gagner v.
- à l'indicatif imparfait et au subjonctif présent : *(que) nous gagnions* 101

gaiement adv. **gaieté** n.f. avec un **e** muet 206

gamme n.f.
- **bas de gamme, haut de gamme** sont invariables : *des articles haut de gamme*

gâteau n.m. avec **â**

gâter v. avec **â**

gâteux, -euse adj. et n. avec **â** comme dans *gâter*

gaz n.m. sans *e* : *chauffage au gaz* ≠ **gaze** n.f. (tissu léger) 214

geai n.m. (oiseau) *des geais* ≠ **jais** n.m. (minerai noir) 214

gène n.m. **génétique** adj. et n.f. ≠ **gêne** n.f. 214

gêne n.f. **gênant, -e** adj. **gêner** v. avec **ê** ≠ **gène** n.m. 214

générer v. avec **é/è** : *nous générons, ils génèrent* ; conjug. 104

genèse n.f. sans accent sur le premier **e**

génome n.m. sans circonflexe 184

genou n.m. *les genoux* 20

genre
- le ~ des noms 4-8

gens n.m.plur.
- masculin ou quelquefois féminin 7

gentilhomme n.m. *des gentilshommes*

gentiment adv. 206

gérer v. avec **é/è** : *nous gérons, ils gèrent* ; conjug. 104

gériatre n. sans circonflexe 184

gifle n.f. **gifler** v. avec un seul **f**

girolle n.f. avec ll 174 et 220

gîte n.m. avec î

glaciaire adj. *l'ère glaciaire* ≠ **glacière** n.f. 214

glacial, -e adj. au masculin pluriel : *glacials* ou *glaciaux* 20

glacière n.f. *Le vin est dans une glacière.* ≠ **glaciaire** adj. 214

glu n.f. (colle) nom féminin sans *e* 169

goitre n.m. sans circonflexe

golf n.m. (sport) ≠ **golfe** (baie) 214

gorgée n.f. avec **ée**

gouffre n.m. avec **ff**

goulu, -e adj. et n.

goût n.m. avec **û** comme dans tous les mots de la famille : *dégoût, dégoûter, ragoût, ragoûtant*

goûter v. et n.m. avec **û** ≠ **goutter** v. (tomber goutte à goutte) 214

goutter v. **gouttière** n.f. avec **tt** comme dans *goutte*

gouvernail n.m. *des gouvernails*

grâce n.f. avec **â**
· **gracieux, -euse** adj. **gracieusement** adv. **gracier** v. sans circonflexe 184

graffiti n.m. *des graffitis* 24

grand, -e adj. et n.
· est invariable comme adverbe : *Ouvrez grand les yeux, la bouche.*
· **grand ouvert** ; **grand-rue**, **grand-messe** avec un trait d'union

grand-chose (pas) pron. indéfini avec un trait d'union

grandeur n.f.
des photos grandeur nature

gré n.m.sing.
· **bon gré mal gré** en quatre mots
· **savoir gré** : *Je vous sais, je vous saurai gré de bien vouloir...*
Il s'agit du verbe *savoir* et non du verbe *être*.
On ne dit pas : *Je vous serai gré...*

grêle n.f. **grêler** v. **grêlon** n.m. avec **ê**

grelotter v. avec **tt** 176

grenat n.m. (pierre fine) *des grenats*
· est invariable comme adjectif de couleur : *des robes (rouge) grenat* 36

griffe n.f. avec **ff** comme dans tous les mots de la famille

gril n.m. (ustensile) ≠ **grill** (restaurant) 214

grincer v. avec **ç** devant *a* et *o* : *il grinçait, nous grinçons* 99

grippe n.f. avec **pp**

gris, -e adj. *des toiles grises*, mais *des toiles gris foncé* 37

grisâtre adj. avec **â** 184

groseille n.f. *de la confiture de groseille(s)* 40

groseillier n.m. avec **ier** 164

grosso modo loc.adv. en deux mots

guet n.m. sans circonflexe

guet-apens n.m. *des guets-apens* (le *s* de *guets* ne se prononce pas)

H

habileté n.f. avec **eté**

habilité, -e adj. avec **ité** : *être habilité à*

habitants (noms d') 193

habituer v. *il s'habituera* 100

hache n.f. sans circonflexe et avec **h** aspiré, comme dans tous les mots de la famille : *des | haches*, sans liaison

haie n.f. avec **h** aspiré : *des | haies*, sans liaison

haillon n.m. (guenille) ≠ **hayon** (porte arrière) 214
· avec **h** aspiré, sans liaison : *en | haillons*

idylle

haïr v. conjug. 110
- avec **h** aspiré, sans liaison : *nous | haïssons*

hâle n.m. **hâlé, -e** adj. avec **â** et **h** aspiré, sans liaison : *ils sont | hâlés*

haltère n.m. ***un** haltère* 8

hamster n.m. avec **h** aspiré, sans liaison : *des | hamsters*

hanche n.f. avec **h** aspiré, sans liaison : *des | hanches*

handicap n.m. **handicapé, -e** adj. et n. avec **h** aspiré, sans liaison : *des | handicapés moteurs*

harceler v. avec **e/è** et un **h** aspiré : *nous le harcelons, ils me harcèlent* 102
- **harcèlement** n.m. avec **è** et un seul **l**

haricot n.m. avec **h** aspiré, sans liaison : *des | haricots*

hasard n.m. avec **h** aspiré, sans liaison : *un | hasard* ; *les | hasards de la vie*

hâte n.f. avec **â** et **h** aspiré, sans liaison, comme dans tous les mots de la famille : *en | hâte*

haut, haute adj. avec **h** aspiré
- est invariable comme adverbe : *Ils sont haut perchés.* 32
- haut de gamme est invariable : *des produits haut de gamme*

haut-parleur n.m. avec **h** aspiré : *des | haut-parleurs* 21

havre n.m. avec **h** aspiré et sans circonflexe : *un | havre de paix*

hayon n.m. (porte arrière d'un véhicule) ≠ **haillon** (guenille) 214
- avec **h** aspiré et sans liaison : *un | hayon*

hémorragie n.f. sans *h* après **rr**

héros n.m. **héroïne** n.f. avec **h** aspiré et sans liaison au masculin :
le **héros**, les | **héros**
- avec un **h** muet au féminin : *l'héroïne, les [-z-] héroïnes*

hésiter v. participe passé invariable

hibou n.m. avec **h** aspiré et sans liaison : *un | hibou*
- au pluriel : *les hiboux* 20

hipp(o)- (cheval) ≠ **hypo-** (en dessous) 207

hippique adj. sans **y**

hippocampe n.m. **hippodrome** n.m. **hippopotame** n.m sans **y**

homonymes
- ~ grammaticaux 213
- ~ lexicaux 214

honnête adj. avec **ê**, comme dans les mots de la famille

hôpital n.m. avec **ô** : *des hôpitaux*

horizontal, -e, -aux adj.
- à l'horizontale est au féminin

hormis prép. avec **s** ≠ **parmi**

hôte n. **hôtesse** n.f. avec **ô**

hôtel n.m. avec **ô**

huit adj. numéral invariable

huître n.f. avec **î**

hydr(o)- (eau) avec **y** 207

hydrater v.

hyper- 207

hypnose n.f. sans circonflexe 184

hypo- (en dessous) avec **y** ≠ **hippo-** (cheval) avec **pp** 207

I

icône n.f. avec un accent circonflexe qui disparaît dans les mots de la famille : *iconoclaste, iconographie* 184

idéal, -e adj. et n.m. au masculin pluriel : *idéaux* ou *idéals* 20

idylle n.f. **idyllique** adj. avec **dy**

ignare adj. avec **e** et sans *d* : *Il, elle est ignare.*

il-, im-, in-, ir- préfixes 203

île n.f. avec ou sans majuscule dans les noms géographiques ? 191

-illier ou **-iller** ? 164

îlot n.m. avec **î** comme dans *île*

imaginer v.
- *Elle s'est imaginé une histoire ; l'histoire qu'elle s'est imaginée* 66

imbécile adj. et n. avec un seul **l** ≠ **imbécillité** n.f. avec **ll** 198 et 220

immanent, -e adj. *la justice immanente* (qui résulte du cours naturel des choses) ≠ **imminent** (sur le point de se produire) 216

immigrer v. (s'installer dans un nouveau pays) ≠ **émigrer** (quitter son pays) 216

imminent, -e adj. *La révolte est imminente* (sur le point d'arriver). ≠ **éminent** (remarquable) 216

immiscer (s') v.pron. avec **ç** devant *a* ou *o* : *il s'immisçait, nous nous immisçons* ; conjug. 99

immoral, -e, -aux adj. (contraire à la morale) ≠ **amoral** (sans morale)

impeccable adj. avec **cc**

impératif
- avec **e** ou avec **s** ? 94
- trait d'union et pronom 187

importer v.
- qu'importe, peu importe sont invariables

imposteur n.m. *Cette femme est **un** imposteur.*

impôt n.m. avec **ô**

imprésario n.m. *des imprésarios* 24

in- 203

incidemment adv. avec **emm** 205

inclure v. se conjugue comme *conclure*, sauf au participe passé : *inclus, -e* 153
- au futur : *il inclura* et non *incluera*
- au passé simple : *ils inclurent* et non *incluèrent*

incognito adv. est invariable : *Ils sont venus incognito.*

indemne adj. on prononce le *m* et le *n* 177

indigo n.m. est invariable comme adjectif de couleur : *des rubans indigo* 36

indu, -e adj. sans circonflexe : *à une heure indue de la nuit*
- **indûment** adv. avec **û** 206

induire v. conjug. 137
- *On les a induits en erreur.* ≠ **enduire** (d'un enduit) 216

inénarrable adj. avec **rr** comme dans *narrer*

infâme adj. avec un circonflexe qui disparaît dans les mots de la famille : *infamant, infamie*

infarctus n.m. bien dire *-far-* et non *-fra-* 177

infinitif
- accord du participe passé suivi d'un infinitif 67-70
- infinitif ou participe passé ? 91

infraction n.f. *une infraction au code de la route* ≠ **effraction** (fait de forcer un accès) 216

inhaler v. avec **h** comme dans *haleine*

inhumer v. avec **h** comme dans *humus* (sol, terre)

ingénier (s') v.pron. conjug. 100 *Ils se sont ingéniés à trouver un compromis.* 63

ingénieur n.m. au féminin : *une ingénieur(e)* 12

inonder v. **inondation** n.f. avec un seul **n**

inquiéter v. avec **é/è** : *nous inquiétons, ils inquiètent* ; conjug. 104
· sans *s* à l'impératif : *Ne t'inquiète pas.* 94

inscrire v. se conjugue comme *écrire* 139

insensé, -e adj. avec **en** comme dans *sens*

instruire v. conjug. 137

insu, à l'insu de sans *e*

insuffler v. avec **ff** comme dans *souffle*

insurger (s') v.pron. avec **e** devant *a* et *o* : *il s'insurgeait, nous nous insurgeons* ; conjug. 99
· *Elle s'est insurgée contre cette mesure.* 63

intégrer v. avec **é/è** : *nous intégrons, ils intègrent* ; conjug. 104

intention n.f.
· à l'intention de : *un ouvrage à l'intention des jeunes* (pour les jeunes) ≠ à l'attention de (sur un courrier) 216

interdire v. se conjugue comme *dire*, sauf : *vous inter**disez*** 137

intérêt n.m. avec un accent circonflexe qui disparaît dans les mots de la famille : *intéresser, intéressant*
· *un film sans intérêt*, mais *un prêt sans intérêts* 17

interface n.f. *une* interface 8

interligne n.m. *un* interligne 8

interpeller v. avec **ll**, mais on prononce comme dans *appeler* 220

interpréter v. avec **é/è** : *nous interprétons, ils interprètent* ; conjug. 104

interroger v. avec **e** devant *a* et *o* : *il interrogea, nous interrogeons* 99
· *Elle s'est interrogée sur ce cas.* 64

interrompre v. *j'interromps, il interrompt* ; conjug. 141

intervalle n.m. avec **ll**
· *par intervalles* 16

interview n.f. ou n.m. est aujourd'hui plutôt du féminin sur le modèle de *entrevue* 7

intrigant, -e adj. et n. sans *u* : *des intrigants* ≠ **intriguant** (participe présent invariable de *intriguer*) 199

introniser v. sans circonflexe ≠ **trône** n.m. 184

intrus, -e adj. avec **s** qu'on retrouve dans *intrusion* 161

invariable
· mots ~s 1-3
· participe passé ~ 56

inventer v. *Elle s'est inventé des histoires* ; *les histoires qu'elle s'est inventées* 66

invoquer v. (Dieu, la loi...) ≠ **évoquer** (des souvenirs) 216

invraisemblable adj. avec un seul **s** comme dans *vraisemblable*

ir- 203

irascible adj. avec un seul **r** et **sc** (vient de *ire*, colère)

irriter v. avec **rr**

irruption n.f. (entrée brutale) *Ils ont fait irruption dans la salle.* ≠ **éruption** (poussée) 216

isthme n.m. avec **sth** : *l'isthme de Corinthe*

J

jais n.m. (minerai noir) ≠ **geai** (oiseau) 214

jaunâtre adj. avec **â** 184
jaune adj. *des robes jaunes*, mais *des robes jaune clair, jaune citron* 37
jeter v. avec **t/tt** : *nous jetons, ils jettent* ; conjug. 103
jeu n.m. *des jeux de société*
• vieux jeu est invariable : *Ils sont vieux jeu.*
jeudi n.m. *les jeudis matin* 80
jeun (à) sans circonflexe ≠ **jeûner** v.
jeune adj. et n.
• est invariable comme adverbe : *Ils s'habillent jeune.*
jeûne n.m. **jeûner** v. avec **û** 183 ≠ **déjeuner** v. et n.m. 198
joaillier, -ière n. avec **ier** 164 et 220
joindre v. conjug. 143
• à l'indicatif imparfait et au subjonctif présent : *(que) nous joignions*
joliment adv. 206
jouer v. au futur et au conditionnel : *il jouera(it)* ; conjug. 100
joufflu, -e adj. avec **ff**
joug n.m. avec **g** : *sous le joug de*
joujou n.m. *des joujoux* 20
jour n.m.
• les noms de jours 80
• mettre à jour (des données)
≠ mettre au jour (des objets archéologiques)
journal n.m. *un journal, des journaux*
joyau n.m. *les joyaux de la Couronne*
juge n.m. et n.f. *le ou la juge* 11
jugeote n.f. avec un seul **t** 176
juger v. avec **e** devant *a* et *o* : *il jugeait, nous jugeons* ; conjug. 99
junior n. et adj. *des ingénieurs juniors* (débutants)
jurer v. *Elle s'est juré que...* 65

jusque ou **jusqu'** prép.
• *J'irai jusque chez toi. Jusque quand ? Jusqu'à ce que...* 189
juste adj. est invariable comme adverbe : *Il est deux heures juste.*
justifier v. conjug. 100
• à l'indicatif imparfait et au subjonctif présent : *(que) nous justifiions*
• au futur et au conditionnel : *il justifiera(it)*
juvénile adj. avec **-ile** 170

K

kaki n.m. *des kakis*
• adjectif de couleur invariable : *des vestes kaki* 36
kangourou n.m. *des kangourous*
kilo ou **kilogramme** n.m. *deux kilos : 2 kg (sans s)* 209
• *Un kilo et demi de pommes sera suffisant.* 73
kilomètre n.m. *cent kilomètres : 100 km (sans s)* 209
kinésithérapeute n. avec un seul **h**
kyrielle n.f. avec **y** : *Une kyrielle de gens sont venus.* 72

L

l' pron.
• accord avec ~ 75
la ou **là ?** 213
là-bas avec un trait d'union
labyrinthe n.m. le **y** est après le *b*
lacer v. (nouer) ≠ **lasser** (fatiguer)
lâche adj. et n. **lâcheté** n.f. avec **â**
1. **lâcher** v. avec **â**
2. **lâcher** n.m. *des lâchers de ballons* 3
là-dessous, là-dessus adv. avec un trait d'union

là-haut adv. avec un trait d'union
≠ **en haut**

laïc, laïque adj. et n. avec **ï**
• au masculin on emploie *laïc*
ou *laïque* : *un établissement laïc,
laïque* 10
• au féminin on emploie toujours
laïque : *l'école laïque*

laisser v.
• accord de *laissé* + infinitif 70
et 221

laisser-aller n.m.inv. avec *laisser*
(vient de *se laisser aller*) 21

laissez-passer n.m.inv. avec *laissez*
(vient de *laissez-le passer*) 21

lamenter (se) v.pron. *Ils se sont
lamentés sur leur sort.* 63

lancée n.f. *Ils sont sur leur lancée.*

1. **lancer** v. avec **ç** devant *a* et *o* :
il lançait, nous lançons ; conjug. 99
• accord du participe passé :
– *les pierres qu'il nous a lancées* 59
– *ils se sont lancé des injures*
– *les injures qu'ils se sont lancées* 66
– *la police s'est lancée
à sa poursuite* 63

2. **lancer** n.m. *des lancers de ballon* 3

landau n.m. *des landaus* 20

langage n.m. sans **u**

la plupart
• accord avec ~ 72

laser n.m. *des lasers*
• invariable après le nom :
des rayons laser

legs n.m. avec **s**

leitmotiv n.m. *des leitmotivs* 24

lésion n.f. *des lésions cutanées*
≠ **liaison** 216

lettre
• les lettres et les sons 155-161
• les lettres muettes 159-161

leur ou **leurs** ? 43

lever n.m. *des levers de soleil* 81

lézard n.m. avec **d**

liaison n.f. *des liaisons ferroviaires* ≠
lésion (blessure) 216

liaison
• les erreurs dues aux ~ 178
• le -**t**- de liaison 187

libérer v. avec **é/è** : *nous libérons,
ils libèrent* ; conjug. 104

libre-service n.m. *des libres-services*
21

licenciement n.m. avec un **e** muet
159

lichen n.m. avec **ch**
qu'on prononce -*k*-

lier v. conjug. 100

1. **lieu** n.m. (endroit) *les lieux publics*

2. **lieu** n.m. (poisson) avec un *s*
au pluriel : *des lieus* 20

lieu-dit n.m. *des lieux-dits* 21

lieue n.f. (mesure) *à mille lieues de*
≠ **lieu** n.m. (endroit) 214

ligoter v. avec un seul **t** 176

limite n.f. *des cas limites* 41

lire v. conjug. 138

littéral, -e, -aux adj. *une traduction
littérale* (à la lettre, au sens strict
des mots) ≠ **littéraire** adj. *un texte
littéraire* (de littérature) 216

littoral n.m. avec **tt**

liturgie n.f. sans **h**

lobby n.m. *des lobbys* ou quelquefois
des lobbies 24

local n.m. *un local, des locaux* 20

loger v. avec **e** devant *a* et *o* :
il logeait, nous logeons ; conjug. 99

loin adv. est invariable : *Ils sont loin.*

lorsque ou **lorsqu'** ? 189

louer v. au futur : *il louera* 100

loup-garou n.m. *des loups-garous* 21

lourd, -e adj. *Ils sont lourds.*
- est invariable comme adverbe : *Ils pèsent lourd.* 3

loyal, -e, -aux adj. *Ils sont loyaux.*

lu et approuvé
- invariable en tête de phrase 58

luire v. se conjugue comme *conduire* sauf au participe passé : *lui* ; conjug. 137

lunch n.m. *des lunchs* 24

lundi n.m. *tous les lundis matin* 80

lycée n.m. avec **ée** 168

lyophilisé, -e adj. avec **y** au début du mot : *du café lyophilisé*

M

mâcher v. **mâchoire** n.f. avec **â**

madame n.f. pluriel : *mesdames*
- abréviation 212

mademoiselle n.f. pluriel : *mesdemoiselles*
- abréviation 212

magasin n.m. avec **s** ≠ **magazine** (avec **z**)

maire n.m. et n.f. *le* ou *la maire* 12

maison n.f. *des terrines maison* (faites à la maison) 41

maître, maîtresse n. et adj.
- *Ils se sont rendus (elles se sont rendues) maîtres de la situation.*
- *Elle est maître de rester ou de partir.*
- *Elle est maître ou maîtresse d'elle-même.*

majorité n.f.
- accord avec *une majorité de* 72

majuscule
- emploi de la ~ 190-193

malin, maligne adj. et n. féminin avec **-igne** comme *bénin, bénigne* 177

mamelle n.f. avec un seul **m** ≠ **mammifère** n.m. et **mammaire** adj. avec **mm**

manger v. avec **e** devant **a** et **o** : *il mangeait, nous mangeons* ; conjug. 99

manquer v.
- Attention à l'accord du participe passé selon le sens :
  – *Ils nous ont manqués* (ils nous ont ratés) 59
  – *Ils nous ont manqué* (on a regretté leur absence) 59

marâtre n.f. avec **â**

marché n.m.
- *bon marché, meilleur marché* sont invariables

mardi n.m. *tous les mardis matin* 80

marier v. **mariage** n.m. avec un seul **r**

marraine n.f. avec **rr** comme dans *parrain*

marron n.m. *des marrons glacés*
- adjectif de couleur invariable : *des yeux marron* 36

marronnier n.m. avec **rr** et **nn**

marsouin n.m. avec **ouin** 165

martyr, -e n. (personne) sans **e** au masculin : *les martyrs de la guerre* ≠ **martyre** (supplice) : *souffrir le martyre* 214

masculin ou féminin ? 8

match n.m. *des matchs* 24

matin n.m. *tous les matins*
- est invariable après un nom de jour : *tous les lundis matin* 80

maudire v. se conjugue comme *finir* sauf au participe passé : *maudit* : *On les a maudits.* 109

mausolée n.m. avec **ée** comme *musée, lycée...* 168

maximal, -e, -aux adj. *des températures maximales*

miracle

maximum n.m. et adj. *des prix maximums* 25

média n.m. *un média, des médias*

médire v. [de] se conjugue comme *dire*, sauf *vous médisez* 137

méditerranéen, -enne adj. avec **rr** et un seul **n** comme dans *Méditerranée*

méfier (se) v.pron. *Ils se sont méfiés de nous.* 63
- à l'indicatif imparfait et au subjonctif présent : *(que) nous nous méfiions*
- au futur et au conditionnel : *il se méfiera(it)* 100

mélanger v. avec **e** devant *a* et *o* : *il mélangeait, nous mélangeons* 99

même ou **mêmes** ? 44
- accord avec *de même que* 79

mémento n.m. *des mémentos*

mémoire n.f. et n.m. 7

mener v. avec **e/è** : *nous menons, ils mènent* 102

mentir v. [à] conjug. 112
- *ils se sont menti* (l'un à l'autre) 65

méprendre (se) v.pron. conjug. 142
- *Elle s'est méprise sur vos intentions.* 63

mercredi n.m. *les mercredis matin* 80

mère n.f. *des maisons mères* 41

mesurer v.
- accord du participe passé 61

métal n.m. *un métal, des métaux*

météo n.f. et adj.inv. *des bulletins météo* 82

mets n.m. avec **ts**

mettre v. conjug. 149
- au conditionnel, on dit *vous mettriez* et non *metteriez*
- *mis à part* est invariable avant le nom : *Mis à part ta sœur, tout le monde est venu.* Et variable après le nom : *Ta sœur mise à part, tout le monde est venu.* 58

midi n.m.
- est masculin : *à midi précis* ; *à midi et demi*
- *tous les midis*, mais : *tous les dimanches midi* (= à midi) 80
- (sud) avec une minuscule pour la direction : *dans le midi de la France* ; avec une majuscule pour la région : *une maison dans le Midi* 190

mieux adv. et adj.inv.
- *il vaut mieux* et non *il faut mieux*

milieu n.m. *des milieux* 20

1. **mille** adj. numéral
- est invariable : *deux mille euros* ; *gagner des mille et des cents* ; *une vingtaine de mille* 48

2. **mille** n.m. (unité de longueur pour la navigation) est variable : *des milles marins*

millier n.m. *Ils arrivaient par milliers.* 16
- *Un millier de soldats **furent** tués.*
- *Le millier de manifestants qui **a*** ou *qui **ont** défilé…* 72

million n.m.
- *un million de personnes **ont** été sondées*
- *le million de personnes qui **a*** ou *qui **ont** manifesté* 72
- *1,25 million d'euros* 73

mini est invariable : *des mini-chaînes* 82

ministre n.m. et n.f. *le* ou *la ministre* 11

minutie n.f. **minutieux, -euse** adj. avec **t** qu'on prononce *-s-*

miracle n.m. *des produits miracles* 41

-mn- se prononce *-n-* dans *automne, condamner, damner* et leurs dérivés 160

mnémotechnique

- se prononce -mn- dans tous les autres mots et en particulier dans *indemne*

mnémotechnique adj. avec **mn** comme dans *amnésie* 177

modèle n.m. *des fermes modèles* 41

modeler v. avec **e/è** : *nous modelons, ils modèlent* ; conjug. 102

modérer v. avec **é/è** : *nous modérons, ils modèrent* ; conjug. 104

moi pron. personnel
- *Donne-moi la carte* ; *donne-la-moi* et non ~~*donne-moi-la*~~
- *C'est moi qui irai.* 52-53

moins adv.
- accord avec moins de deux 73

mois
- majuscule ou minuscule aux noms de mois ? 191

moitié n.f.
- accord avec la moitié des 72

monde n.m.
- accord avec tout le monde 77

monsieur n.m. au pluriel : *messieurs*
- abréviation 212

moquer (se) v.pron. *Elles se sont moquées de toi.* 63

mordre v. conjug. 141

morfondre (se) v.pron. conjug. 141

mors n.m. avec **s** : *prendre le mors aux dents*

mou, molle adj.
- **mol** devant un nom masculin singulier commençant par une voyelle ou un h muet

moudre v. se conjugue comme *coudre*, mais avec des particularités : *je mouds, il moud, nous moulons* 145

moufle n.f. avec un seul **f**

mourir v. avec un seul **r** ; conjug. 115
- se conjugue avec l'auxiliaire *être*
- avec **rr** au futur et au conditionnel : *il mourra(it)*
- au subjonctif : *qu'il meure*

Moyen Âge n.m. s'écrit sans trait d'union et avec des majuscules
- **moyenâgeux, -euse** adj. en un seul mot et avec un seul **n**

multitude n.f. *Une multitude d'oiseaux s'envola ou s'envolèrent.* 71

mûr, -e adj. **mûrir** v. avec **û** comme dans les mots de la famille 183

mûre n.f. **mûrier** n.m. avec **û**
- *de la confiture de mûre(s)* 40

musée n.m. avec **ée** comme *lycée, caducée, mausolée...* 168

mystère n.m. *des invités mystères* 41

mythe n.m. **mythologie** n.f. avec **th** : *les mythes grecs*

N

n ou **nn** dans les dérivés des mots en **-on** ? 173

nager v. avec **e** devant *a* et *o* : *il nageait, nous nageons* ; conjug. 99
- **nageoire** n.f. avec **eo**

naître v. avec **î** devant un *t* ; conjug. 147
- se conjugue avec l'auxiliaire *être*

narration n.f. **narrateur, -trice** n. **narrer** v. avec **rr**

narval n.m. (animal) *des narvals* 20

natal, -e adj. *des pays natals* 20

nation n.f. **national, -e, -aux** adj. **nationalité** n.f.
- Les mots de la famille de *nation* ne doublent pas le **n**. 173

nationaliser v. *nationaliser une entreprise* ≠ **naturaliser** v. *naturaliser une personne* (lui donner telle nationalité) 216

nature n.f.
- est invariable après un nom : *des thés nature* 41

naval, -e adj. *les chantiers navals* 20

naviguer v. avec **gu**, même devant *a* et *o* : *il navig**u**ait, nous navig**u**ons* 99
- **navigant, -e** adj. **navigation** n.f. sans *u*

né, -e adj. avec un trait d'union après un mot : *une musicienne-née, un artiste-né* ; *le premier-né, la dernière-née*

néanmoins adv. sans *t*

négligence n.f. **négligent, -e** adj. avec **ent** : *être négligent*
≠ **négligeant**, participe présent invariable : *Négligeant leurs affaires, ils…* 86
- **négligemment** adv. avec **emm** 205

négliger v. avec **e** devant *a* et *o* : *il néglig**e**ait, nous néglig**e**ons* ; conjug. 99

n'est-ce pas adv. interrogatif avec un seul trait d'union devant *ce*

nettoyer v. avec **i** devant un *e* muet : *il netto**i**e* ; conjug. 106
- au futur : *il netto**i**era*

neuf, -ve adj.
- *flambant neuf* 83

ni
- accord avec ~ 78

nier v. au futur : *il niera* 100

n'importe est invariable : *n'importe lequel, n'importe lesquels*

noir, -e adj. *une robe noire* mais : *une robe noir et blanc* 38

noisette n.f.
- est invariable comme adjectif de couleur : *des yeux noisette* 36

nom
- accord du ~ 39-41
- ~s composés 21
- pluriel des ~s propres 22-23

nombre n.m.
- accord avec **un grand, un petit nombre de** : *Un grand nombre de personnes ont été blessées.* (Il s'agit des personnes) *Un petit nombre d'adhérents sera suffisant.* (Il s'agit de la quantité)
- accord avec **nombre de** : *Nombre de ses clients, nombre d'entre eux **sont** mécontents.* 72

nord n.m.inv. et adj.inv. 192

notre ou **nôtre** ? 183

nourrir v. avec **rr**, contrairement à *courir* et à *mourir* ; conjug. 109

nourrisson n.m. avec **rr** comme dans *nourrir*

nous
- accord avec ~ 75
- *Beaucoup, certains d'entre nous pens**ent** que…* 72

nouveau, -elle adj.
- **nouvel** devant un nom masculin singulier commençant par une voyelle ou un *h* muet : *un nouvel élève* ; *un nouvel hôpital*

nouveau-né n.m. *des nouveau-nés*

noyer v. avec **i** devant un *e* muet : *il se no**i**e* ; conjug. 106
- au futur : *no**i**era*

nu, -e adj. *pieds nus*, mais *nu-pieds* 32

nuage n.m. *un ciel sans nuages* 17

nuire v. [à] se conjugue comme *conduire*, sauf au participe passé : *nui* ; conjug. 137
- participe passé invariable : *Ils se sont nui.* 65

numéral
- accord des adjectifs numéraux 48-49

O

oasis n.f. *une* oasis 8
obélisque n.m. *un* obélisque 8
obliger v. avec **e** devant *a* et *o* : *il obligeait, nous obligeons* ; conjug. 99
obnubiler v. avec *obnu* et non ~~omni~~ 177
obséder v. avec **é/è** : *obsédant, il obsède* ; conjug. 104
obsession n.f. sans accent
observatoire n.m. 166
occuper v. avec **cc** et un seul **p**
occurrence n.f. avec **cc** et **rr**
œil n.m. au pluriel : yeux, et œils dans les mots techniques : *œils-de-bœuf*
œuvre n.f. et n.m. *une grande œuvre* ; mais, au masc. : *l'œuvre gravé de Rembrandt, le gros œuvre* 7
offrir v. conjug. 118
- sans *s* à l'impératif sauf devant *en* : *Offre des bonbons ; offres-en à tout le monde.* 94
- *Elle s'est offert des fleurs. Les fleurs qu'elle s'est offertes* 66

-oin ou **-ouin** ? 165
-oir ou **-oire** ? 166
-ole ou **-olle** ? 174
olive n.f.
- est invariable comme adjectif de couleur 36
omettre v. conjug. 149
- au conditionnel : *vous omettriez* et non ~~ometteriez~~
omoplate n.f. *une* omoplate 8
on
- accord avec ~ sujet 75
- dans les phrases négatives 178

on-dit n.m.inv. *des on-dit* 21
onze est invariable : *les onze enfants*
opérer v. avec **é/è** : *nous opérons, ils opèrent* ; conjug. 104
opiniâtre adj. avec **â** 184
oppresser v. (étouffer) *Le manque d'oxygène l'oppresse.* ≠ **opprimer** (dominer, écraser) 216
opprobre n.m. avec **bre** : *jeter l'opprobre sur quelqu'un* (la honte, le déshonneur) 177
orange n.f. et n.m. *des oranges*
- est invariable comme adjectif de couleur : *des rubans orange* 36
orangé, -e adj. et n.m. avec **é** pour la couleur : *des teintes orangées*
- *des rubans jaune-orangé* 37
oranger n.m. avec **er** pour l'arbre ≠ **orangé** (couleur)
orbite n.f. *une* orbite 8
orgue n.m. *orgues* n.m. ou n.f. pluriel 7
orgueil n.m. avec **ueil** 163
ortho- (droit) avec **th**, comme dans *orthographe, orthophonie...* 207
ortolan n.m. (oiseau) sans **h**
-ote(r) ou **-otte(r)** ? 176
ou ou **où** ? 213
- accord avec *ou* 78
oublier v. conjug. 100
- à l'indicatif imparfait et au subjonctif présent : *(que) nous oubliions*
- au futur et au conditionnel : *il oubliera(it)*
- *Toutes ces choses qu'il a oubliées ici !* Mais : *toutes ces choses qu'il a oublié de faire* 62 et 68
ouest n.m.inv. et adj.inv. 192
ouvrir v. conjug. 118
- sans *s* à l'impératif sauf devant *en* : *Ouvre les huîtres.*

Ouvres-en une douzaine. 94
ovale adj. et n.m. avec un **e** :
des ballons ovales ; *un bel ovale*
oxygène n.m. avec **è**

P

pair n.m. au pair, aller de pair,
hors pair sans *e* ≠ **paire** n.f.
(*une paire de chaussures*) 214
pal n.m. (pieu aiguisé) *des pals* 20
pale n.f. sans accent circonflexe :
les pales d'un ventilateur
pâle adj. **pâleur** n.f. **pâlir** v. avec **â**
· *des couleurs pâles,*
mais *des yeux bleu pâle* 37
palier n.m. avec un seul **l** ≠ **pallier** v.
pallier v. conjug. 100
· *On pallie quelque chose*
et non *à quelque chose.*
pané, -ée adj. avec un seul **n**
panel n.m. avec un seul **n**
paon n.m. avec **aon** prononcé *-an-*
comme dans *faon* et *taon* 172
papeterie n.f. sans accent
malgré la prononciation courante
avec *-pè-*
· la forme *papèterie*,
avec un accent grave, est
aujourd'hui admise 218
par
· singulier ou pluriel après ~ ? 16
· On écrit avec un trait d'union :
par-ci, par-là ; *par-dedans* ;
par-delà ; *par-dessous* ;
par-dessus ; *par-devers*
· On écrit sans trait d'union :
par ici ; *par là* ; *par ailleurs* ;
par en haut ; *par en bas…*
paraître v. avec **î** devant un *t* ;
conjug. 146
parallèle adj., n.f. et n.m. avec **ll**
d'abord, puis un seul **l**

parce que en deux mots
· parce que ou parce qu' ? 189
par-ci par-là avec des traits d'union
parcourir v. conjug. 114
· au futur : *il parcourra*
et non *parcourera*
par-delà, **par-dessous**, **par-dessus**
avec des traits d'union
pareil, -eille adj.
· accord de sans pareil 83
parfum n.m. avec **um**
1. **parler** v.
· accord du participe passé :
une langue qu'on a parlée 59
· *ils se sont parlé* (l'un à l'autre) 65
2. **parler** n.m. *les parlers régionaux*
parme adj.inv. *des rubans parme* 36
parmi prép. sans *s* ≠ **hormis**
paronymes
· principaux ~ 216
parrain n.m. avec **rr** comme *marraine*
partager v. avec **e** devant *a* et *o* :
il partageait, nous partageons 99
parterre n.m. en un seul mot :
un parterre de fleurs ≠ *par terre*
(sur le sol)
parti n.m. ou **partie** n.f. ?
· prendre parti : *Ils ont pris parti pour moi* (ils sont de mon côté).
≠ prendre à partie : *Ils nous ont pris à partie* (ils nous ont interpellés).
partial, -e, -aux adj. *Ils sont partiaux*
(de parti pris) ≠ **partiel**
(pas complet) 216
participe
· accord du ~ passé 55-70
· ~ présent et adjectif verbal 85
partiel, -elle adj. *travailler à temps partiel*
partir v. conjug. 112
· avec l'auxiliaire *être* 57

203

partisan, -e adj. et n. au féminin :
partisan ou *partisane*,
mais jamais *partisante*

passé, -e participe passé invariable
avant le nom et variable
après le nom : *passé huit heures,
huit heures passées* 58

passer v.
· *elle s'est passée de…,
elle s'en est passée* 63

pastel n.m. *des pastels*
· est invariable comme adjectif
de couleur : *des tons pastel* 36

pâte n.f. (à tarte) avec **â** ≠ **patte**
(d'un animal)

pâtir v. [de] avec **â** : *Personne
n'a pâti de cette situation.*
≠ **compatir** v. sans accent 184

pâtisserie n.f. avec **â**
comme dans *pâte*

patron, -onne n. *un patron,
une patronne*
· **patronal, -e, -aux** adj. **patronat** n.m.
avec un seul **n** 173
· **patronner** v. avec **nn** 173
· **patronage** n.m. avec un seul **n**

pause n.f. (arrêt) *une pause
d'un quart d'heure* ≠ **pose**
(de *poser*) 214

payer v. avec **y** ou **i** : *il paye* ou *paie* ;
conjug. 105
· à l'indicatif imparfait
et au subjonctif présent :
(que) nous payions
· **paye** ou **paie** n.f.
· **payement** ou **paiement** n.m.

paysan, -anne adj. et n. avec **nn**
au féminin 9

pêche n.f. **pêcher** v. **pêcher** n.m.
avec **ê** pour le sport ou le fruit
et l'arbre

péché n.m. **pécher** v. avec **é** pour
la faute : *les sept péchés capitaux*

pécuniaire adj. avec **aire** :
des problèmes pécuniaires
et non *pécuniers* 177

pedigree n.m. mot anglais
sans accent : *des pedigrees*

peindre v. *je peins, il peint* ;
conjug. 143
· à l'indicatif imparfait
et au subjonctif présent :
(que) nous peignions

pendre v. *je pends, il pend* ;
conjug. 141

pénitencier n.m. (prison) avec **c**
· **pénitentiaire** adj. avec **tiaire** :
un établissement pénitentiaire

penser v. sans **s** à l'impératif,
sauf devant *en* ou *y* : *Pense à ça,
penses-y. Penses-en ce que
tu veux.* 94

perdre v. *je perds, il perd* ;
conjug. 141

péremption n.f. (même origine que
périmer) : *date de péremption*
≠ **préemption** (droit prioritaire
d'acheter) 216

péremptoire adj. *un ton péremptoire*
(catégorique)

péripétie n.f. avec **tie**
qui se prononce *–si–*

permettre v. conjug. 149
· au conditionnel : *vous
permettriez* et non *permetteriez*
· accord du participe passé
à la forme pronominale : *Elle s'est
permis de venir* et non *permise* 65

persévérer v. avec **é/è** : *nous
persévérons, ils persévèrent* ;
conjug. 104

persifler v. **persiflage** n.m.
avec un seul **f** ≠ **siffler** 198

personne n.f. et pron. indéfini
· accord au féminin pour le nom :
Plusieurs personnes sont venues.

plier

- accord au masculin singulier pour le pronom : *Personne n'est venu.* 77

peser v. avec **e/è** : *nous pesons, ils pèsent* ; conjug. 102
- accord du participe passé 61

peu adv. et n.m.sing.
- accord avec *peu (de)* 72

peuples (noms de)
- avec une majuscule 193

peut-être adv. avec un trait d'union

phare n.m. *des auteurs(-)phares* 41

philanthrope adj. et n. avec **phil-**, « qui aime », et **anthrop-**, « les hommes » 207

philtre n.m. (boisson magique) ≠ **filtre** (à café) 214

phoque n.m. *les bébés phoques* 41

photo n.f. et adj. : *des photos en noir et blanc* ; *des labos photo*, *des appareils photo(s)* 210

pied n.m.
- sans trait d'union : *pieds nus, pied à coulisse, pied de nez*
- avec un trait d'union : *nu-pieds* ; *cou-de-pied* ; *pied-de-biche* ; *d'arrache-pied* ; *de plain-pied* ; *pied-à-terre*

pilule n.f. avec deux fois un seul **l**

pincer v. avec **ç** devant *a* et *o* : *il pinçait, nous pinçons* ; conjug. 99
- *Elle s'est pincé les doigts* ; *elle se les est pincés dans la porte.* 66

pingouin n.m. avec **ouin** 165

pique-nique n.m. *des pique-niques*

piqûre n.f. avec **û**

piscine n.f. avec **sc**

piton n.m. (pointe) *un piton rocheux* ≠ **python** (serpent) 214

pittoresque adj. avec **tt**

placer v. avec **ç** devant *a* et *o* : *il plaça, nous plaçons* ; conjug. 99

plafond n.m. *des prix plafonds* 41

plaindre v. *je plains, il plaint* ; conjug. 143
- à l'indicatif imparfait et au subjonctif présent : *(que) nous plaignions*

plain-pied (de) loc.adv. avec **ain** comme dans *plaine* (même origine que plan)

plaire v. conjug. 134
- avec **î** devant un *t* : *s'il vous plaît* 218
- participe invariable : *Elles se sont plu à Paris.* 65

plancher n.m. *des prix planchers* 41

plant n.m. (de planter) *un plant de tomates* ≠ **plan** (dessin) 214

plastic n.m. (explosif) *une charge de plastic* ≠ **plastique** adj. et n.m. (matière) 214

plâtre n.m. avec **â** comme dans les mots de la famille : *emplâtre, replâtrer...*

plausible adj. (qu'on peut croire) *une excuse plausible* ≠ **possible**

plébiscite n.m. avec **sc**

plein, -e adj. et adv.
- variable après le nom : *Il a les poches pleines de billets.*
- invariable avant le nom : *Il a des billets plein les poches.*
- invariable comme adverbe : *Ils sont gentils tout plein. Ils ont plein de bonbons* (beaucoup).

plénier, -ière adj. avec **é** : *une séance plénière*

pleuvoir v. conjug. 131

plier v. conjug. 100
- à l'indicatif imparfait et au subjonctif présent : *(que) nous pliions*

205

plonger

- au futur et au conditionnel : *il pliera(it)*

plonger v. avec **e** devant *a* et *o* : *il plongeait, nous plongeons* ; conjug. **99**
  · **plongeoir** n.m. avec **e**

ployer v. avec **i** devant un *e* muet : *il ploie* ; conjug. **106**

plupart (la) n.f.sing. ou pron. indéfini
  · *La plupart (des gens) sont venus.* **72**
  · *La plupart d'entre nous viendront.*

pluriel
  · le ~ des mots simples **20**
  · le ~ des mots composés **21**
  · le ~ des mots étrangers **24-25**
  · le ~ des noms propres **22-23**

plus adv.
  · plus de : *Il y a plus de travail. J'ai plus de soucis.* **14**
  · plus d'un : *plus d'un mois s'était écoulé* **73**
  · le plus invariable : *ceux qui se sont le plus amusés* ; *celle qui s'est le plus amusée*
  · le plus, la plus, les plus variable : *C'est la plus gentille des filles, le plus gentil des garçons.*

plusieurs adj. et pron. indéfini plur.
  · *Plusieurs d'entre nous viendront.*

plutôt adv. avec **ô**
  · en un mot : *Venez plutôt lundi (que mardi).* ≠ **plus tôt** en deux mots (contraire de *plus tard*)

pneu n.m. *des pneus* **20**

poêle n.m. et n.f. avec **ê** et un seul **l**

poème n.m. **poète** n. avec **è**
  · **poésie** n.f. avec **é**

poids n.m. (à peser) ≠ **pois** (à manger) **214**

poignée n.f. *une poignée* avec **ée** ≠ **poignet** n.m. *le poignet* avec **et** **214**

poindre v. *Le soleil point, poindra, poignait à l'horizon.*

poing n.m. avec **g** que l'on retrouve dans *poignée*

points (principaux) **194**

points cardinaux **192**

point-virgule **196**

pois n.m. *une robe rouge à pois blancs* ≠ **poids** (à peser) **214**
  · pois chiches, petits pois s'écrivent sans trait d'union

poix n.f. avec **x** : *de la poix* (résine poisseuse)

pôle n.m. avec **ô** **184**
  · **polaire** adj. sans circonflexe : *le cercle polaire*

polluer v. au futur et au conditionnel : *il polluera(it)* **100**

ponctuation **194-196**

pondre v. conjug. **141**

pore n.m. (de la peau) avec **e** ≠ **port** (de marine ou en informatique)

portefeuille n.m. **portemanteau** n.m. en un mot ≠ **porte-monnaie** n.m.inv. en deux mots (*des porte-monnaie*) **21**

porte-parole n.inv. *le ou la porte-parole d'un mouvement*

pose n.f. (de *poser*) ≠ **pause** (arrêt)

poser v.
  · *Elle s'est posé des questions* ; *les questions qu'elle s'est posées* **66**

posséder v. avec **é/è** : *nous possédons, ils possèdent* ; conjug. **104**

possible adj. est variable : *Il a fait toutes les erreurs possibles.*
  · le plus, le moins ... possible est invariable : *Prenez le plus de fruits possible.* **32**

pou n.m. *des poux* 20

pouls n.m. avec **ls** qu'on retrouve dans *pulsation*

pourcentage n.m.
- accord avec un ~ 72

pourquoi ou **pour quoi** ? 215

pourrir v. avec **rr**

1. **pouvoir** v. *je peux, tu peux, il peut* ; conjug. 127

2. **pouvoir** n.m. *avoir tous les pouvoirs*

pratiquer v.
- **praticable** adj. avec **c**
- **pratiquant, -e** adj. et n. avec **qu**

précéder v. avec **é/è** : *nous précédons, ils précèdent* ; conjug. 104
- *ceux qui nous ont précédés* 59
- **précédemment** adv. avec **emm** 205

précepteur, -trice n. (enseignant) ≠ **percepteur** (des impôts) 216

prédécesseur n.m. s'emploie pour un homme ou pour une femme : *Elle fut mon prédécesseur.*

prédire v. se conjugue comme *dire*, sauf *vous prédisez* 137

prééminence n.f. (primauté, supériorité) ≠ **proéminence** (saillie)

préemption n.f. *un droit de préemption* (droit d'acheter avant les autres) ≠ **péremption** n.f. *une date de péremption* (au-delà de laquelle un produit est périmé)

préférer v. avec **é/è** : *nous préférons, ils préfèrent* ; conjug. 104
- *je préférerais que...* 92

préfixe
- les ~ pièges 201-204

préhensile adj. sans *b* : *un organe préhensile* (qui peut prendre, saisir)

préjugé n.m. avec **é** : *avoir des préjugés* ≠ **préjuger** v. *sans préjuger de...*

préliminaire adj. et n.m. bien dire **préli** et non *prélé* 177

premier, -ière adj. et n.f. s'abrègent en *1er* et *1re* (et non *1ère*) au féminin 212
- On écrit avec une majuscule *le Premier ministre, le Premier Mai* (fête).

prénatal, -e adj. *des examens prénatals* 20

prendre v. *je prends, il prend* ; conjug. 142
- *Tu as pris la voiture ? Oui je l'ai prise ce matin.* 59
- *Elle s'est prise au jeu.* 63
- Mais : *Elle s'est pris une part de gâteau.* 66
- s'y prendre : *Elles s'y sont mal prises.*

près adv. avec **è** ≠ **prêt** adj.

près de : *Elle est près de dire oui* (sur le point de). ≠ **prêt à** : *Elle est prête à partir.* 214

prescrire v. conjug. 139
- *prescrire un médicament* ≠ **proscrire** (condamner, interdire)
- **prescription** n.f. ≠ **proscription** (interdiction) 216

presque ou **presqu'** ? 189

presqu'île n.f. *des presqu'îles*

pressentir v. avec **ss** ; conjug. 112

1. **prêt** n.m. avec **ê** comme dans *prêter, prêteur*

2. **prêt, -e** adj. avec **ê** comme dans *apprêter* : *des plats tout prêts*
- *prêt à* : *elle est prête à partir* ≠ **près de** (sur le point de) 214

prétendre v. conjug. 141

prévoir v. se conjugue comme *voir*, sauf au futur : *je prévoirai*, et au conditionnel : *je prévoirais* 120

prodigue adj. *le retour de l'enfant prodigue* (qui a tout dépensé)
≠ **prodige** (très doué) 216

produire v. conjug. 137

proéminence n.f. (saillie, bosse)
≠ **prééminence** (supériorité) 216

professeur n.m. ou n.f.
· au féminin on peut écrire *la professeur* ou *la professeure* 12

progrès n.m. avec **ès** 180

progresser v. **progression** n.f. sans accent

proie n.f. *des proies faciles*

projeter v. avec **t/tt** : *je projetais, je projetterai* ; conjug. 103

prolifique adj. *un chercheur prolifique* (qui produit beaucoup)
≠ **prolixe** (qui parle beaucoup) 216

promettre v. *je promets, il promet* ; conjug. 149
· au conditionnel : *vous prome**ttr**iez* et non *prome~~tter~~iez*
· *C'est la récompense qu'on nous a promise.* 59
· Mais : *Il a fait toutes les choses qu'il avait promis* (de faire). 62
· *Elle s'est promis* (à elle-même) *de venir.* 65

promiscuité n.f. (voisinage désagréable) ≠ **proximité** (terme neutre)

promontoire n.m. avec **e** 166

promouvoir v. *il promeut, nous promouvons* ; conjug. 125

prononciation et orthographe
· l'alphabet phonétique 155-157

pronostic n.m. avec **c** comme *diagnostic*

proposer v. sans *s* à l'impératif : *propose-lui* 94
· *Elle s'est proposée pour ce poste.* 64

· *Tu lui as proposé de venir* ; *elle s'est proposé de venir.* 65

proscrire v. conjug. 139
· (interdire, condamner)
≠ **prescrire** (ordonner, recommander) 216

protéger v. avec **é/è** : *protéger, il protège* ; et un **e** devant *a* et *o* : *il protégeait, nous protégeons* ; conjug. 99 et 104

proviseur n.m. et n.f. au féminin on peut écrire *proviseure* 12

provoquer v.
· **provocant, -e** adj. avec un **c** : *une attitude provocante*
≠ **provoquant** (participe présent invariable avec **qu**) 199

prudemment adv. avec **emm** 205

prud'homme n.m. avec **mm** : *le conseil des prud'hommes*
≠ **prud'homal, -e, -aux** adj. avec un seul **m** : *les juges prud'homaux* 198

prune n.f.
· est invariable comme adjectif de couleur : *des robes prune* 36

pseudonyme n.m. avec **-onyme** qui signifie « nom », comme dans *anonyme, homonyme, synonyme*

psychiatre n. sans circonflexe 184

psychologie n.f. avec **y** 207

psychothérapie n.f. avec **th** 207
· **psychothérapeute** n. sans *h* à la fin du mot

public, publique adj. 10

publier v. conjug. 100
· à l'indicatif imparfait et au subjonctif présent : *(que) nous publiions*
· au futur et au conditionnel : *il publiera(it)*

puéril, -e adj. sans *e* au masculin 170

puisque ou **puisqu'** ? 189

puits n.m. avec **ts** : *un puits de science*
pulluler v. avec **ll** d'abord
pupitre n.m. sans circonflexe 184
pur, -e adj.
- **pur sang** est invariable et sans trait d'union pour l'adjectif : *des chevaux pur sang*
- **pur-sang** est variable ou invariable avec un trait d'union pour le nom : *des purs-sangs* ou *des pur-sang* 21
puy n.m. (montagne) avec **y** : *le puy de Dôme* ≠ **puits** 214
pygmée n.m. avec **ée** comme *musée, mausolée, lycée...* 168
pylône n.m. avec **ô**
python n.m. (serpent) ≠ **piton** (pointe) 214

Q

quand ou **quant** ? 213
quantité n.f.
- *Quantité de gens pensent que...* 72
quarantaine n.f.
- accord avec une quarantaine de 72
quart n.m.
- accord avec un quart de 72
quatorze est invariable : *Ils sont quatorze.*
quatre est invariable : *leurs quatre enfants* et non *quatre-z-enfants* 178
quatre-vingt(s)
- avec ou sans **s** ? 48
que
- **que** ou **qu'** ? 189
- accord avec ~ 76
quelle ou **qu'elle** ? 215
quelque ou **quelques** ? 47

quelque, **quel que** ou **quelle que** ? 215
quelque chose
- accord avec ~ 77
quelquefois adv. en un mot : *Il vient quelquefois me voir* (de temps en temps, parfois).
≠ **quelques fois** en deux mots : *Les quelques fois où je l'ai vu...*
quelque part adv. en deux mots : *Il doit bien être quelque part.*
quelques-uns, quelques-unes pron. indéfini avec un trait d'union
quelqu'un pron. indéfini 77
qui
- accord avec ~ sujet 76
- accord avec moi, nous... qui 53
quinzaine n.f.
- accord avec une quinzaine de 72
quiproquo n.m. *des quiproquos* 25
quitter v. *À grand-mère qui nous a quittés.* 59-60
quoique ou **quoi que** ? 215
quota n.m. *des quotas*
quote-part n.f. *des quotes-parts* 21

R

raccourcir v. avec **cc**
rafale n.f. avec un seul **f** et un seul **l** : *Le vent souffle par rafales.*
raffermir v. avec **ff**
rafle n.f. avec un seul **f**
rai n.m. *des rais de lumière*
raisonner v. (faire un raisonnement) ≠ **résonner** (faire du bruit) 214
ranger v. avec **e** devant *a* et *o* : *il rangeait, nous rangeons* 99
ranimer v. (une flamme) ≠ **réanimer** (un blessé) 216

rappeler v. avec l/ll : *nous rappelons, il rappelle* ; conjug. 103
- accord du participe passé : *J'ai rappelé Yasmine, je l'ai rappelée.* 59
- *Ell s'est rappelée à notre bon souvenir.* 64
- Mais : *Elle s'est rappelé que...* 66

rasséréner v. avec **é/è** : *rasséréner, cela rassérène* ; conjug. 104
- bien dire *-séréner-* comme dans *sérénité* (vient de *serein*)

râteau n.m. avec **â** 184
- **ratisser** v. sans accent

rationnel, -elle adj. avec **nn**
- **rationaliser** v. avec un seul **n** 173

rayer v. avec **y** ou **i** : *il raye* ou, plus rarement, *il raie* ; conjug. 105
- à l'indicatif imparfait et au subjonctif présent : *(que) nous rayions*

raz de marée n.m.inv. s'écrit avec ou sans traits d'union : *des raz(-)de(-)marée*

re-, ré- préfixes 204

rebattre v. on dit *rebattre les oreilles à* et non *rabattre*

recenser v. **recensement** n.m. avec **c** d'abord

récent, -e adj.
- **récemment** adv. avec **-emm-**

récépissé n.m. avec **c** d'abord, comme dans *recevoir*, et **ss**

recevoir v. avec **ç** devant **o** et **u** : *je reçois, j'ai reçu* ; conjug. 121
- participe passé invariable en tête de phrase : *Reçu la somme de...* 58

récital n.m. *des récitals* 20

record n.m. *des prix records* 41

recourir v. [à] conjug. 114
- au futur : *il recourra* en faisant entendre les deux **r** et non *recourera*

recouvrer v. (récupérer) *recouvrer la santé* ≠ **recouvrir** (couvrir) 216

récrire ou **réécrire** v. avec deux formes pour le verbe, mais une seule pour le nom **réécriture**

recru, -e adj. sans circonflexe : *Ils sont recrus de fatigue.*

recrudescence n.f. avec **sc**

recueil n.m. **recueillir** v. avec **ueil** 163

récurrent, -e adj. avec **rr**

rédhibitoire adj. avec **dh**

rédiger v. avec **e** devant **a** et **o** : *il rédigeait, nous rédigeons* 99

redire v. conjug. 137
- *Redites-le-moi.*

réel, réelle adj. et n.m. avec **ée**

refaire v. conjug. 132
- *une robe qu'on a refait faire* 70

réfectoire n.m. 166

référer (se) v.pron. avec **é/è** : *il se référa, il se réfère* ; conjug. 104
- *elle s'est référée* à 63

réflexe n.m. (réaction automatique) ≠ **reflex** (appareil photo) 214

refréner ou **réfréner** v. avec **é/è** : *nous réfrénons, ils réfrènent* ; conjug. 104

réfrigérateur n.m. terme générique à préférer à *Frigidaire*, nom de marque

refuge n.m. *des valeurs refuges* 41

régal n.m. *des régals* 20

regimber v. le **g** se prononce *-j-*

régional, -e, -aux adj. avec un seul **n** comme tous les mots de la famille de *région* 173

règle n.f. avec **è** : *ils sont en règle* ; *en règle générale*

régler v. avec **é/è** : *il régla, il règle* ; conjug. 104
- **règlement** n.m. avec **è**

réglementaire ou **règlementaire** adj. On admet aujourd'hui l'orthographe avec **è**, conforme à la prononciation, comme pour les autres mots de la famille. 218

reinette n.f. (pomme) ≠ **rainette** (grenouille) 214

relais n.m. avec un **s** au singulier ≠ **délai**
- Les « Rectifications de l'orthographe » proposent la forme *relai*, sans *s*. L'usage tranchera.

religions (noms de) 193

remanier v. conjug. 100
- au futur et au conditionnel : *on remaniera(it)*
- **remaniement** n.m. avec un **e** muet

remémorer v. avec deux fois un seul **m** comme dans *mémoire*
- *elle s'est remémoré les faits* (à elle-même) ; mais : *les faits qu'elle s'est remémorés* 66

remercier v. conjug. 100
- à l'indicatif imparfait et au subjonctif présent : *(que) nous remerciions*
- au futur et au conditionnel : *il remerciera(it)*
- **remerciement** n.m. avec un **e** muet 159

remettre v. conjug. 149
- au conditionnel : *vous remettriez* et non *remetteriez*

réminiscence n.f. avec **sc**

remords n.m. avec **ds**
- on dit : *ils sont bourrelés de remords* et non *bourrés de remords*

remplacer v. avec **ç** devant *a* et *o* : *il remplaçait, nous remplaçons* 99

rémunérer v. avec **é/è** : *nous rémunérons, ils rémunèrent* ; conjug. 104

- avec **m** puis **n** comme dans *monnaie* : *rémunérer* et non *rénumérer* 177

renaissance n.f. avec une majuscule pour la période historique et le style 190

rendre v. conjug. 141
- *Je lui ai rendu ses affaires, je les lui ai rendues.* 59
- **se rendre** accord du participe : *Elle s'est rendue à Paris.* 63
Et dans les expressions :
- **se rendre à l'évidence** : *Elle s'est rendue à l'évidence.* 64
- **se rendre compte** : *Elle s'est rendu compte de son erreur.* 66
- **se rendre maître** : *Ils se sont rendus maîtres, elles se sont rendues maîtres de la situation.*
- **se rendre service** : *Ils se sont rendu service. Mais : les services qu'ils se sont rendus* 66

rêne n.f. (courroie) avec **ê** ≠ **renne** (animal) 214

renoncer v. avec **ç** devant *a* et *o* : *il renonça, nous renonçons* 99

renouveler v. avec **l/ll** : *nous renouvelons, ils renouvellent* ; conjug. 103
- **renouvellement** n.m. avec **ll**

renseigner v. à l'indicatif imparfait et au subjonctif présent : *(que) nous renseignions* 101

renvoyer v. conjug. 107

réouverture n.f. avec **ré-** mais *rouvrir* avec **r-**

repaire n.m. (lieu, refuge) *un repaire de voleurs* ≠ **repère** (marque) 214

répandre v. conjug. 141

repartie ou **répartie** n.f. L'orthographe avec **é** est conforme à la prononciation la plus courante.

211

répartir v.
- accord du participe passé :
— *Les élèves se sont répartis en trois groupes.*
— Mais : *Les professeurs se sont réparti les trois groupes.* 66

repère n.m. (marque) *des points de repère* ≠ **repaire** (refuge) 214
- *des dates repères* 41

repérer v. avec **é/è** : *nous repérons, ils repèrent* 104

répertoire n.m. 166

répondre v. *je réponds, il répond* ; conjug. 141

reprocher v. *Elle s'est reproché (à elle-même) son absence.* Mais : *les faits qu'elle s'est reprochés* 66

république n.f. avec une majuscule pour une période historique ou un État : *la IIIᵉ République, la République française* 190

requérir v. conjug. 116
- au futur : *ils requerront*

requête n.f. avec **ê** comme dans *quête* et *conquête*

réquisitoire n.m. avec un **e** 166

réseau n.m. *des réseaux* 20

réserver v. *Elle s'est réservé (à elle-même) la meilleure part, elle se l'est réservée.* 66

réservoir n.m. 166

résident, -e n. avec **en** : *une carte de résident* ≠ **résidant** (participe présent invariable) : *les Français résidant à l'étranger* 199
- **résidence** n.f.
- **résidentiel, -elle** adj. avec un **t**

résigner (se) v.pron. *Ils se sont résignés à partir* 63
- à l'indicatif imparfait et au subjonctif présent : *(que) nous nous résignions* 101

résonner v. (faire du bruit) ≠ **raisonner** (faire un raisonnement)

résoudre v. conjug. 144
- *elle s'est résolue à* 64

respect n.m. **respecter** v. avec **ct**

ressaisir (se) v.pron. avec **ss** : *Elle s'est ressaisie.* 63

ressembler v. [à] participe passé invariable : *Les deux sœurs se sont longtemps ressemblé* (l'une à l'autre). 65

ressentir v. avec **ss** ; conjug. 112

resserrer v. avec **ss** et **rr**

1. **ressortir** v. (sortir) conjug. 112
2. **ressortir** v. [à] (être du ressort de) se conjugue comme *finir* 109
- *un roman qui ressortit à la science-fiction*

ressusciter v. avec **sc** à la fin

rester v.
- *ce qui* ou *ce qu'il me reste à faire*
- reste en tête de phrase est aujourd'hui le plus souvent invariable : *Reste quelques points à régler.*

restreindre v. conjug. 143
- à l'indicatif imparfait et au subjonctif présent : *(que) nous restreignions*

resurgir ou **ressurgir** v. L'orthographe avec un seul *s* est aujourd'hui la plus fréquente : *Son passé resurgit soudain.*

rétractile adj. avec *ile* et non *ible* : *des griffes rétractiles*

rétribuer v.
- au futur et au conditionnel : *il rétribuera(it)* 100

rétro adj.inv. *des objets rétro* 82

rêve n.m. **rêver** v. avec **ê**

revêche adj. avec **ê**

réveil n.m. avec **eil**

- **réveiller** v. à l'indicatif imparfait et au subjonctif présent : *(que) nous réveillions* 101
- **révéler** v. avec **é/è** : *nous révélons, ils révèlent* ; conjug. 104
- **revêtir** v. se conjugue comme *partir*, sauf *je revêts, tu revêts* où le *t* est conservé, et au participe passé : *revêtu* ; conjug. 112
- **révoquer** v.
  - **révocation** n.f. **révocable** adj. avec **c**
- **rez-de-chaussée** n.m.inv. *des rez-de-chaussée* 21
- **rideau** n.m. *des doubles(-)rideaux*
- 1. **rire** v. conjug. 140
  - participe passé invariable : *Ils se sont ri des difficultés.*
- 2. **rire** n.m. *des fous rires*
- **ris** n.m. avec **s** pour la voile et pour *le ris de veau* ≠ **riz** (céréale) 214
- **rival, -e, -aux** adj. et n. *des équipes rivales, des clans rivaux* 20
- **roc** n.m. (masse de pierre) ≠ **rock** (musique)
- **rock** n.m. est invariable après le nom : *des chanteurs rock* 214
- **roder** v. **rodage** n.m. sans circonflexe : *roder un moteur neuf* ≠ **rôder** v. (tourner autour), **rôdeur** n.m. avec **ô**
- **rompre** v. *je romps, il rompt* ; conjug. 141
- **rond-point** n.m. *des ronds-points* 21
- **ronfler** v. avec un seul **f**
- **ronger** v. avec **e** devant *a* et *o* : *il rongeait, nous rongeons* 99
- **rorqual** n.m. (animal) *des rorquals* 20
- **rose** n.f. *un bouquet de roses*
  - adj. *des rubans roses* ; mais : *des rubans rose foncé, rose bonbon* 37
  - **rosâtre** adj. avec **â** 184

- **roseau** n.m. *des roseaux*
- **rôtir** v. avec **ô** comme dans tous les mots de la famille : *rôtisserie, rôtissoire, rôti*
- **rouge** adj. *des robes rouges* ; mais : *des robes rouge clair, rouge sang, rouge écarlate*, etc. 37
  - **rougeâtre** adj. avec **â** 184
- **rougeole** n.f. avec un seul **l** 174
- **roulotte** n.f. avec **tt** 176
- **rouvrir** v. conjug. 118
  - **réouverture** n.f. avec **ré-**
- **roux, rousse** adj. et n. 10
- **ruisseler** v. avec **l/ll** ; conjug. 103
  - **ruissellement** n.m. avec **ll** : *des eaux de ruissellement*
- **rustre** adj. et n. (grossier) avec **tre** ≠ **fruste** 216
- **rythme** n.m. avec **th**

S

- **saccade** n.f. avec **cc**
- **saccager** v. avec **e** devant *a* et *o* : *saccageant, nous saccageons* 99
- **sacrifier** v. *Ils se sont sacrifiés. On les a sacrifiés.*
  - à l'indicatif imparfait et au subjonctif présent : *(que) nous sacrifiions*
  - au futur et au conditionnel : *il sacrifiera(it)* 100
- **safari** n.m. *des safaris-photos* 21
- **safran** n.m.
  - est invariable comme adjectif de couleur 36
- **sage-femme** n.f. *des sages-femmes*
- **saillir** v.
  - (pointer, être saillant) se conjugue comme *assaillir* : *ses muscles saillaient* 119
  - (saillir une jument) se conjugue comme *finir* 109

sain, -e adj. avec un **a** qu'on retrouve dans *santé*
- sain et sauf s'accorde : *Ils sont sains et saufs, elles sont saines et sauves.*

salir v.
- *Elle s'est salie.* 64
- Mais : *Elle s'est sali les mains.* 66

saluer v. *Il se sont salués* (l'un l'autre). 64
- au futur et au conditionnel : *il saluera(it)* 100

samedi n.m. *les samedis matin* 80

sandwich n.m. *des sandwichs* 24

sangloter v. avec un seul **t** 176

sans
- singulier ou pluriel après ~ ? 17-18
- sans que est suivi du subjonctif : *Il est sorti sans que personne le voie* (on n'emploie jamais *ne*).
- Attention ! on écrit *sens dessus dessous*.

sans-abri n. *des sans-abri* ou *des sans-abris* 21
- de même pour *des sans-cœur(s), des sans-emploi(s)*, etc.

saphir n.m. *des saphirs*
- est invariable comme adjectif de couleur : *des yeux (bleu) saphir* 36

sarrasin n.m. (céréale) avec **rr**

satellite n.m. avec **ll**
- après un nom : *des villes satellites*
- mais : *des images satellite* (par satellite) 41

satire n.f. (texte moqueur) avec **i** ≠ **satyre** n.m. (être mythologique ou homme lubrique) 214

satisfaire v. se conjugue comme *faire* : *nous satisfaisons, vous satisfaites*, comme *nous faisons, vous faites* ; conjug. 132

satyre n.m. (être mythologique ou homme lubrique) ≠ **satire** n.f. (texte moqueur) 214

1. **savoir** v. conjug. 123
- savoir gré : *je vous sais, je vous saurai gré de bien vouloir...* (et non *je vous serai gré*)

2. **savoir** n.m. *tous les savoirs*
- savoir-faire : *des savoir-faire* 21

scarabée n.m. avec **ée** comme *musée* 168

sceau n.m. (cachet) *le sceau du roi* avec **sc** comme dans *scellés* ≠ **seau** (récipient) 214

sceller v. **scellés** n.m. plur. avec **sc** : *sceller un accord* ; *un local sous scellés* ≠ **seller** (un cheval) 214

scénario n.m. *des scénarios* 24

sceptique adj. et n. (qui doute) avec **sc** ≠ **septique** (*fosse septique*) 214
- **scepticisme** n.m.

sceptre n.m. *le sceptre du roi*

schéma n.m. **schématique** adj. avec **sch**

sciemment adv. avec **emm** (en toute connaissance de cause) 206

scinder v.
- **scission** n.f. avec **sc** puis **ss**

scintiller v. conjug. 101

se ou **ce** ? 213
- accord avec se 63-66

seau n.m. (récipient) *des seaux d'eau* ≠ **sceau** (cachet) 214

sécession n.f. avec **c** puis **ss** : *faire sécession*
- avec une majuscule dans *la guerre de Sécession*

sécher v. avec **é/è** : *nous séchons, ils sèchent* 104
- *Elle s'est séchée.* Mais : *Elle s'est séché les mains.* 66

secourir v. conjug. 114

214

- au futur : *il secourra*, en faisant entendre **rr**, et non ~~*secourera*~~

secret, -ète adj. **secrètement** adv. avec **è**

sécréter v. avec **sé**
- avec **é/è** dans la conjugaison : *nous sécrétons, ils sécrètent* 104

sein n.m. *au sein de* ≠ **seing** n.m. *sous seing privé*, avec un **g** que l'on retrouve dans *signature*

semer v. avec **e/è** : *nous semons, ils sèment* ; conjug. 102

senior ou **sénior** n. et adj. *des ingénieurs seniors, séniors*

sens n.m. *en tout* ou *tous sens* ; *en sens inverse* ; *des mots de même sens, de sens contraire(s)*
- sens dessus dessous : *Tout est sens dessus dessous.*

sensé, -e adj. (qui a du sens) *des propos sensés* ≠ **censé** (supposé) 214

sentir v. conjug. 112
- accord du participe passé :
– *la colère qu'il a sentie monter en lui* 68
– *Elle s'est sentie mal.* 64
– *Elle ne s'est pas senti le courage d'y aller.* 66
– *Elle s'est sentie mourir.* 69

septembre n.m.

septique adj. *une fosse septique* ≠ **sceptique** (qui doute) 214

serein, -e adj. (confiant) avec un **e** qu'on retrouve dans *sérénité* ≠ **serin** n.m. (oiseau) avec un **i** qu'on retrouve dans *seriner* 214

série n.f. *Une série d'accidents **a** eu lieu* ou ***ont** eu lieu.* 71

serrer v.
- *Ils se sont serrés l'un contre l'autre.* Mais : *Ils se sont serré la main.* 66

servir v. conjug. 112
- accord du participe passé :
– *Le vendeur les a bien servis.* 59
– *Ils se sont servis tout seuls.* 64
– *Elle s'est servi la plus grosse part, elle se l'est servie toute seule.* 66
– *Elle s'est servie du marteau, elle s'en est servie.* 63

session n.f. *la session parlementaire* ≠ **cession** (fait de céder) 214

seul, -e adj.
- *seul à seul* s'accorde en genre : *Léa a parlé à Julie seule à seule.* 83

shampoing ou **shampooing** n.m.

si
- si ou s' ? 189
- devant une hypothèse ou une condition, *si* n'est jamais suivi du conditionnel : *Si **j'avais** su, je ne serais pas venu* ; et non ~~*si j'aurais su*~~

siècle n.m.
- reste au singulier dans : *le XVIe et le XVIIe siècle* ; *au XVIIe et au XVIIIe siècle*
- est au pluriel si le deuxième élément est sans article : *les XVIIe et XVIIIe siècles* ; *aux XVIIe et XVIIIe siècles*

siffler v. avec **ff** comme tous les mots de la famille, sauf *persifler, persifleur*

sigle 211

signal n.m. *un signal, des signaux*

s'il te plaît, s'il vous plaît avec **î** : *Répondre s'il vous plaît (R.S.V.P.)* 218

siphon n.m. avec **i**

sociable adj. (qui aime les contacts humains) : *une personne sociable* ≠ **social** (qui vit en société) : *un être social* 216

soi-disant adj.inv. avec le pronom **soi** : *des soi-disant policiers* (qui *se* disent tels)

soie n.f. **soierie** n.f. avec un **e** muet

soir n.m.
- est invariable après un nom de jour : *les dimanches soir* 80

soit
- accord du verbe avec **soit ... soit** 78
- (étant donné) est invariable : *Soit trois carrés de...*

soixantaine n.f.
- accord avec *une soixantaine de* 72

solennel, -elle adj. **solennellement** adv. **solennité** n.f. avec **e** prononcé *-a-* 155

somptuaire adj. (avec des dépenses excessives) ≠ **somptueux** (luxueux) 216

sorte n.f. *des produits de toute(s) sorte(s)*
- *en quelque sorte* est toujours au singulier

sortir v. conjug. 112
- *Elle s'est sortie de la situation, elle s'en est sortie.* 64

sosie n.m. avec **e**

souffle n.m. **souffler** v. avec **ff** comme tous les mots de la famille, sauf *boursouflé, boursouflure*

souffrir v. conjug. 118

soufre n.m. avec un seul **f**

souhaiter v. *Il souhaite que j'aie* (subjonctif) *mon examen.*
- *Ils se sont souhaité la bonne année.* 66

soûl, -e ou **saoul, -e** adj. La forme avec **û** est aujourd'hui la plus fréquente.

soulever v. avec **e/è** : *soulève, soulevons* ; conjug. 102

soumettre v. conjug. 149
- au conditionnel : *vous soumettriez* et non *soumetteriez*

soupirail n.m. *un soupirail, des soupiraux* 20

source n.f. *des fichiers sources* 41

sourire v. conjug. 140
- participe passé invariable : *Ils se sont souri* (l'un à l'autre). 65

soussigné, -e adj. et n. *Je soussignée Marie Durand atteste que...*

sous-sol n.m. *les sous-sols* 21

soustraire v. conjug. 133

soutenir v. conjug. 111

souterrain, -e adj. et n.m.

soutien n.m. *des soutiens de famille*

souvenir (se) v.pron. conjug. 111
- *Elle s'est souvenue de ce jour-là. Elle s'en est souvenue.* 63

soyons, soyez s'écrivent sans *i* : *que nous soyons, que vous soyez* 97

spacieux, -euse adj. avec un **c** ≠ **spatial**

spaghetti n.m. *des spaghettis* 24

spatial, -e, -aux adj. avec un **t** : *une navette spatiale* 20

spécial, -e, -aux adj. *des envoyés spéciaux* 20

sphinx n.m. sans **y**

square n.m. avec un seul **r**

standard n.m. *des modèles standards*

station-service n.f. *des stations-service* 21

statu quo n.m.inv. mots latins : *les statu quo* 25

stéréo n.f. et adj.inv. *des chaînes stéréo* 82

strate n.f. *une **strate** ; différentes strates* 8

synthèse

subir v. *les violences qu'ils ont subies* 59

subit, -e adj. (soudain) *un froid subit* ≠ *subi*, participe passé de *subir*

substance n.f. avec **a**
- **substantiel, -elle** adj. avec un **t**

subtil, -e adj. sans **e** au masculin 170

subvenir v. [à] conjug. 111
- participe passé invariable 56

suc n.m. (liquide physiologique) *les sucs gastriques* ≠ *sucre* 216
- *tout le suc de l'histoire* (ce qu'il y a d'essentiel, de succulent)

succéder v. [à] avec **é/è** : *nous succédons, ils succèdent* 104
- participe passé invariable : *les gouvernements qui se sont succédé* 65
- **successeur** n.m. s'emploie pour un homme ou pour une femme : *Elle sera mon successeur.*

succès n.m. avec **ès** 180

succinct, -e adj. avec **ct**

succion n.f. avec **cc** qui se prononcent -s-

succomber v. [à] participe passé invariable : *Ils ont succombé à leurs blessures.* 56

succulent, -e adj.

succursale n.f. avec un seul **l**

sud n.m.inv. et adj.inv. 192

suffire v. [à] se conjugue comme *interdire*, sauf au participe passé : *suffi* 137
- participe passé invariable : *Elle s'est toujours suffi à elle-même.* 56

suffoquer v.
- **suffocant, -e** adj. **suffocation** n.f. avec un **c**

suivre v. conjug. 151

sujet
- comment trouver le ~ ? 51

suprême adj. avec **ê**
- **suprématie** n.f. avec **é**

sur, -e adj. (acide) sans circonflexe : *un fruit sur* ≠ *sûr* (certain) 183

sûr,-e adj. **sûrement** adv. **sûreté** n.f. avec **û**

sur-le-champ loc.adv. avec deux traits d'union

surveiller v. à l'indicatif imparfait et au subjonctif présent : *(que) nous surveillions* 101

survenir v. conjug. 111
- auxiliaire *être* : *les événements qui sont survenus hier* 57

survivre v. [à] conjug. 152
- participe passé invariable : *Ils vous ont survécu* (à vous). 56

susceptible adj. avec **sc**

susciter v. avec **sc** : *les réactions que ce film a suscitées* 59

suspect, -e adj. et n. avec **ct** qui ne se prononce pas au masculin

suspendre v. conjug. 141

suspens (en) loc.adv. sans **e** final
- on ne prononce pas le **s** final : *dossiers en suspens*

suspense n.m. avec **e** final : *des films à suspense*

susurrer v. avec un seul **s** intérieur

symboles 209

symétrie n.f.

sympathie n.f. **sympathique** adj. avec **h**

symptôme n.m. avec **ô** 184
- **symptomatique** adj. sans circonflexe 198

syndrome n.m. sans circonflexe 184

synonyme adj. et n.m. avec **-onyme** qui signifie « nom », comme dans *homonyme, anonyme...* 207

synthèse n.f. avec **è**

- **synthétique** adj. avec **é**
- **système** n.m. avec **è**
  - **systématique** adj. avec **é**

T

tabou, -e adj. et n.m. *des idées taboues*

tache n.f. (marque) **tacher** v. (salir) sans circonflexe ≠ **tâche** (travail) et **tâcher** v. (faire en sorte de) 214

tact n.m. sans *e*

tactile adj. 170

tain n.m. (matière) *des miroirs sans tain* ≠ **teint** (couleur de peau)

taire v. conjug. 134
- *Ils se sont tus.* 63

tampon n.m.
- **tamponner** v. avec **nn** 173

tangent, -e adj. et n.f. *des résultats tangents* (limites)

tanière n.f. avec un seul **n**

tant adv.
- *Il y en a tant qui pensent que…* 72

taon n.m. avec **aon** prononcé *-an-* comme dans *faon* et *paon* 172

tartre n.m. avec **rtr**

tas n.m. *Un tas de gens pensent que…* 72

tâter v. **tâtonner** v. **à tâtons** loc.adv. avec **â**

tatillon, -onne adj. et n. sans circonflexe

-té ou **-tée** ?
- noms féminins en **-té** ou **-tée** ? 167

teint n.m. *un teint hâlé* ≠ **tain** (matière) 214

teinter v. (colorer) ≠ **tinter** (sonner) 214

tel, telle
- accord de ~ 45

télé n.f. *des télés*
- est invariable après un nom : *les programmes télé* 82

téléphoner v. *Ils se sont téléphoné* (l'un à l'autre). 65

télescope n.m. **télescoper** v. **télescopique** adj. sans accent sur le deuxième **e**

télésiège n.m. **téléski** n.m. avec un accent sur le deuxième **e**

témoin n.m. *des appartements témoins* 41
- est invariable devant le nom : *Nous savons tout, témoin ces lettres que nous avons trouvées.*

tempête n.f. avec **ê**

temps n.m.
- au singulier : *au temps de, de tout temps, en tout temps, depuis quelque temps*
- au pluriel : *autres temps, autres mœurs*
- **tout le temps** sans trait d'union
- **entre-temps** avec un trait d'union

tendre v. *je tends, il tend* ; conjug. 141
- au conditionnel : *vous ten**driez***

tenir v. *je tiens, il tient* ; conjug. 111
- accord du participe passé :
- *Quels rôles ont-elles tenus ?* 59
- *La séance s'est tenue hier.* 63
- *Je les ai tenus au courant.* 59
- tenir compagnie, tenir tête : *Ils nous ont tenu compagnie.* 59
- s'en tenir à : *Ils s'en sont tenus aux faits.* 63

tentacule n.m. **un** *tentacule* 8

terme n.m. est au pluriel dans les expressions où il signifie « mot, propos… » : *Aux termes du contrat. En quels termes vous a-t-il parlé ? Être en bons, en mauvais termes avec quelqu'un.*

terre n.f.
- par terre, en deux mots : *tomber par terre* ≠ **parterre** n.m. *un parterre de fleurs*

terre-plein n.m. *des terre-pleins* 21

terroriser v. **terrorisme** n.m. avec **rr** comme dans *terreur*

tête n.f. avec **ê**

téter v. avec **é/è** : *téter, il tète* 104

têtu, -e adj. avec **ê** comme dans *tête*

thé n.m.
- est invariable comme adjectif de couleur : *des roses thé* 36

théâtre n.m. avec **â**

thérapeute n. avec un seul **h** au début du mot 207

thym n.m. avec **ym**

-tie prononcé *-ti-* ou *-si-* ? 158

1. **tiers** n.m. accord avec *un tiers des* 72

2. **tiers, tierce** adj. *une tierce personne*

tinter v. (faire un bruit) ≠ **teinter** (colorer) 214

tintinnabuler v. avec **nn**

tire-bouchon n.m. *des tire-bouchons* 21

toboggan n.m. avec **gg**

tolérer v. avec **é/è** : *nous tolérons, ils tolèrent* ; conjug. 104

tonalité n.f. avec un seul **n**

tordre v. *je tords, il tord* ; conjug. 141

tort n.m. avec **t**

total, -e, -aux adj. et n.m. *un total, des totaux* 20

tournoyer v. avec **y/i** : *les feuilles tournoyaient, tournoieront* ; conjug. 106

tout
- ~ adjectif indéfini : tous, toute,

toutes ou ~ adverbe : *tout étonnée, tout autre, toute contente* 46
- sans trait d'union dans les expressions : *tout à coup, tout à fait, tout à l'heure*
- singulier ou pluriel dans les expressions avec ~ ? 19
- tout le monde : *Tout le monde est là.* 77

toutefois adv. en un mot

tout-petit n.m. *les tout-petits* 21

traduire v. conjug. 137

traîner v. avec **î** comme dans tous les mots de la famille 184

trait d'union
- emploi du ~ 187

traître adj. et n. avec **î**

trampoline n.m. avec **am** ≠ **tremplin**

transférer v. avec **é/è** : *nous transférons, ils transfèrent* ; conjug. 104
- **transfert** n.m. avec **t**

transhumance n.f. avec **h**

trappe n.f. avec **pp**

trapu, -e adj. avec un seul **p**

travail n.m. *un travail, des travaux*

travailler v. à l'indicatif imparfait et au subjonctif présent : *(que) nous travaillions* 101

tréma
- emploi du ~ 186

trembloter v. avec un seul **t** 176

tremplin n.m. avec **em**

trentaine n.f.
- accord avec *une trentaine de* 72

tressaillir v. se conjugue comme *cueillir* sauf au futur et au conditionnel : *il tressaillira(it)* ; mais on rencontre souvent *il tressaillera(it)*, sur le modèle de *il cueillera(it)* 119

tribunal n.m. *un tribunal, des tribunaux* 20

tribut n.m. (contribution) : *payer un lourd tribut à* ≠ **tribu** n.f. (groupe social) *une tribu* 169

triple adj. et n.m. *un texte en triple exemplaire*

trop adv.
- accord avec *trop de* 72

trophée n.m. avec **ée**, comme *lycée* 168

trouver v. *une histoire que j'ai trouvée passionnante* 76
- sans *s* à l'impératif, sauf devant *en* : *Trouve des exemples, trouves-en.* 94
- accord du participe passé :
– *Elle s'est trouvée là.* 63
– *Elle s'est trouvé une amie.* 66

truc n.m. avec **c**
- **truquage** ou **trucage** n.m.

tuer v.
- au futur et au conditionnel : *il tuera(it)* 100
- **tuerie** n.f. avec un **e** muet 159

turquoise n.f.
- est invariable comme adjectif de couleur : *des pulls turquoise* 36

tutoyer v. avec **y/i** : *nous tutoyons, ils tutoient* ; conjug. 106
- **tutoiement** n.m. avec un **e** muet 159

type n.m. *des formules types*

typique adj. avec **y** comme dans *type*

tyran n.m. *Cette femme est un tyran !*
- **tyrannie** n.f. avec **nn**

U

ubiquité n.f. avec **-qui-** qui se prononce comme dans *cuivre*

-ule ou **-ulle** ? 174

un, une
- accord avec (l')un, (l')une des... qui 74
- accord avec l'un et l'autre, l'un ou l'autre 78

usagé, -e adj. (qui a déjà servi) ≠ **usé** (abîmé)

usager n.m. avec **er** : *les usagers d'un service public*
- l'emploi au féminin commence à se faire entendre : *une usagère*

V

va sans *s* à l'impératif, sauf devant *y* : *Va le voir ! Vas-y !*
- on écrit *à Dieu vat !* avec un **t** qui ne se prononce pas

vaccin n.m. avec **cc** qui se prononce *-ks-*

vaciller v. avec un **c** ≠ **osciller**

va-et-vient n.m.inv. *des va-et-vient* 21

vaincre v. *je vaincs, tu vaincs, il vainc* ; conjug. 154

vainqueur n.m. *Elle est le grand vainqueur du concours.*
- L'emploi au féminin s'entend parfois.

valoir v. conjug. 129
- accord du participe 61
- *il vaut mieux, il vaudrait mieux* et non *il faut mieux*

vantail n.m. avec **an** : *une porte à deux vantaux* 20

varier v. au futur et au conditionnel : *il variera(it)* 100

velours n.m. avec **s**

vendre v. *je vends, il vend* ; conjug. 141

vendredi n.m. *tous les vendredis matin* 80

vénéneux, -euse adj. (qui contient du poison) *des champignons vénéneux* ≠ **venimeux** (qui produit du venin) 216

vénérer v. avec **é/è** : *nous vénérons, ils vénèrent* ; conjug. 104

venger v. avec **e** devant *a* et *o* : *il vengea, nous vengeons* 99
- **vengeance** n.f. avec **gea**

venin n.m.
- **venimeux, -euse** adj. *un serpent venimeux* ≠ **vénéneux** : *un champignon vénéneux* 216

venir v. conjug. 111
- se conjugue avec *être* : *elle est venue* 57

ver n.m. *un ver de terre* ≠ **vers** (de poésie) 214

verbe
- l'accord du ~ 50-54
- les groupes de ~ 89
- les conjugaisons 96-154

verdâtre adj. avec **â** 184

verglas n.m. avec **s**
- **verglacé, -e** adj. avec **c** : *une route verglacée*

vérifier v. conjug. 100
- à l'indicatif imparfait et au subjonctif présent : *(que) nous vérifiions*
- au futur et au conditionnel : *il vérifiera(it)*

vermillon n.m. et adj.inv. *des rouges vermillon* 36

verrou n.m. *des verrous* 20

versant n.m. avec **t** : *le versant nord d'une montagne*

verse (à) loc.adv. en deux mots : *Il pleut à verse.* ≠ **averse** n.f.

verser v.
- *Elle s'est versé deux verres d'eau* ; *les deux verres d'eau qu'elle s'est versés* 66

verset n.m. avec **t**

vert, -e adj. et n.m. *des motifs verts* ; mais : *des motifs vert foncé, vert clair* 37

vertical, -e, -aux adj. 20

vertu n.f sans *e* final comme *bru, glu* et *tribu* 169

vêtement n.m. avec **ê**, comme dans les mots de la famille : *vêtir, revêtir, revêtement*

veto n.m.inv. mot latin invariable et sans accent : *des veto* 25 et 219

veuillez impératif de *vouloir* 128

viaduc n.m. avec un **c** comme dans *gazoduc, oléoduc*

vice n.m. *le vice et la vertu*

vice versa loc.adv.

vidéo n.f. et adj.inv.
- est variable comme nom : *des vidéos*
- est invariable après le nom : *des jeux vidéo* 82

vieux, vieille adj. et n.
- **vieil** devant un nom masculin singulier commençant par une voyelle ou un *h* muet : *un vieil ami, un vieil homme*

vingt adj. numéral
- avec ou sans **s** dans *quatre-vingt(s)* ? 48

vingtaine n.f.
- accord avec *une vingtaine de* 72

violemment adv. avec **emm** 205

violet, -ette adj. *des fleurs violettes* ; mais : *des fleurs violet foncé* 37

violon n.m.
- **violoniste** n. avec un seul **n** 173

virgule
- emploi de la ~ 195

viscère n.m. *un viscère* 8

vitrail n.m. *un vitrail, des vitraux* 20

vive
- invariable aujourd'hui en tête de phrase : *Vive les vacances !*

vivre v. conjug. 152
- accord du participe passé :
– *la vie que j'ai vécue ici*
– *les dix ans que j'ai vécu ici* 61

vœu n.m. *des vœux* 20

voie n.f. (chemin) avec un **e** ≠ **voix** (organe de la parole)

voir v. conjug. 120
- à l'indicatif imparfait et au subjonctif présent : *(que) nous voyions*
- accord du participe passé :
– *Toutes ces choses que Clara a vues ! Toutes ces choses qu'a vues Clara !* 59-60
– *Des films comme celui-là, j'en ai vu beaucoup !* 62
– *Justine et Théo se sont vus hier.* 64
– *les acteurs que j'ai vus jouer* 68
– *la pièce que j'ai vu jouer* (par des acteurs) 68
– *Elle s'est vue tomber.* 69
– *Vu les circonstances...* 58

voire adv. avec un **e** : *Ce n'est qu'un adolescent, voire un enfant.*

voirie n.f. sans *e* muet après le premier *i*, malgré *voie* : *les services de la voirie*

voix n.f. avec **x** : *avoir voix au chapitre* ≠ **voie** (chemin) 214

volatil, -e adj. sans *e* au masculin 170
- (qui s'évapore) *un produit volatil* ≠ **volatile** n.m. (volailles et autres) 214

volière n.f. avec un seul **l** comme dans *voler*

volontiers adv. avec **s**

votre ou **vôtre** ? 183

vouloir v. conjug. 128
- *Je voudrais bien que...* 92
- accord du participe passé :
– *Cette promotion, il l'a voulue.* 59 et 75
– *Il a eu la promotion qu'il a voulu* (avoir). 62
– *Elle s'en est voulu* (à elle-même), *ils s'en sont voulu.* 65

vous
- accord avec ~ 75

voûte n.f. avec **û** 218

vouvoyer v. avec **y/i** : *il me vouvoyait et me vouvoiera encore* ; conjug. 106
- **vouvoiement** n.m. avec un **e** muet

voyager v. avec **e** devant *a* et *o* : *il voyageait, nous voyageons* 99

voyelles et semi-voyelles 155 et 157

voyou n.m. *des voyous* 20

vraisemblable adj. **vraisemblance** n.f. avec un seul **s**

vu est invariable en tête de phrase : ***Vu** les circonstances...* 58

W

w prononciation 157

week-end n.m. *des week-ends*

X

x prononciation 158

xénophobe adj. et n. (qui n'aime pas les étrangers) 207

Xième ou **X-ième** adj. *Et je vous le dis pour la X-ième fois...* On écrit aussi *ixième*.

xylophone n.m. (instrument de musique) avec **xy** qui se prononce *-ksi-*

Y

y adv. et pron.
- avec un trait d'union après un verbe à l'impératif : *Allez-y.* 187

yaourt n.m. *des | yaourts*

-yer verbes en *-yer* 105-107

Z

zénith n.m. avec **th**

zéro adj. numéral et n.m. *Ils ont fait zéro faute.*
- Le nom est variable : *Il y a trois zéros dans 1000.*

Achevé d'imprimer en Italie par Rotolito S.p.A.
Dépôt légal 04463-0/01 - Juin 2018